Der Bunker von Zürich

W

Der Bunker von Zürich

Jugend zwischen Rückzug und Revolte
Ein Modellfall

Herausgegeben von Hans-Peter Müller und Gerold Lotmar

Walter-Verlag Olten und Freiburg im Breisgau

Alle Rechte vorbehalten
© Walter-Verlag AG Olten, 1972
Die Herstellung erfolgte in den Werkstätten des Walter-Verlags
Printed in Switzerland

ISBN 3-530-58702-8

Inhalt

Vorwort 9
Chronik eines Jugendzentrums 11

Hans-Peter Müller: Politische Folgerungen aus einer soziologischen Untersuchung im Bunker 21
Erster Teil: Die wissenschaftliche Untersuchung im Bunker .. 23
    1. Warum die Untersuchung gemacht wurde 23
    2. Die Durchführung der Untersuchung 24
    3. Die wichtigsten Resultate 26
    4. Theoretische Interpretation 35
Zweiter Teil: Politische Schlußfolgerungen 38
    1. Welches sind die Grundsatzentscheidungen in
       unserer Politik? 38
    2. Politische Postulate zur Lösung des Jugend-
       problems 41
Zusammenfassung 58
Anhang 60
    I Fragebogen 60
    II Auszählung der Antworten 68

Berthold Rothschild: Der Bunker – eine verpaßte Chance 79
    Einleitung 81
    Subjektiver Erlebnisbereich I 83
    Subjektiver Erlebnisbereich II 84
    «Negative» Aspekte des Bunkers 85
    «Positive» Ansätze und Möglichkeiten des Bunker-
    experimentes 90

Oskar Ruf: Autonomie und Selbsthilfe 93
    1. Berührung mit dem «Autonomen Jugendzentrum
       Lindenhofbunker» 95
    2. Bericht über die Selbsterfahrungsgruppe mit
       Speak-out-Mitgliedern 96
    3. Aspekte zum Thema «Autonomie», die sich aus der
       Schilderung der Selbsterfahrungsgruppe ergeben .. 99

François Höpflinger: Der Weg vom Bunker zu einer sozialistischen Politik 107
1. Phase: Wertkonflikte, kollektives Erwachen 109
2. Phase: Politische Konflikte 111
3. Phase: Klassenkonflikte 114

Anhang
    I Statuten des Autonomen Jugendzentrums Lindenhof 117
    II Internes Reglement 118
    III Die Verfassung der Autonomen Republik Bunker 119
    IV Grundsatzprogramm der Lehrlingsgewerkschaft Zürich 120

Verzeichnis der deutschschweizerischen Jugend- und Drogenberatungsstellen 123

Hans-Peter Müller (Hrsg.), cand. phil. I, wurde 1942 in Bischofszell geboren. Handelsdiplom 1961. Seit 1964 Studium u. a. der Ethnologie, Soziologie und Religionsgeschichte an der Unversität Zürich. Initiator von zwei Kindergartenprojekten.
Bearbeiter der vom Zürcher Stadtrat in Auftrag gegebenen «Bunkeruntersuchung».
Im ersten Teil seines Artikels stellt Hans-Peter Müller die Ergebnisse dieser Studie dar. Im zweiten Teil befaßt er sich mit der Frage, was für politische Konsequenzen aus den Ergebnissen der Untersuchung zu ziehen sind. Der Autor schlägt eine Vielzahl von Maßnahmen vor, die er aus bestimmten Resultaten seiner Studie ableitet.

Gerold Lotmar (Hrsg.), cand. phil. I, wurde 1947 in Aarau geboren. Gymnasium und Matura in Bern. Seit Frühjahr 1967 Studium der Psychologie und Ethnologie an der Universität Zürich.
Mitarbeiter der soziologischen «Bunkeruntersuchung».

Berthold Rothschild, Dr. med., FMH für Psychiatrie und Psychologie. 1937 in Zürich geboren. Schulen in Zürich, Frankreich, Belgien und England. 1963 medizinisches Staatsexamen an der Universität Zürich. Seit 1970 Führung einer eigenen Praxis. Vorübergehend Lehrbeauftragter an der Universität Zürich. Aus politischen Gründen wurde dieser Lehrauftrag nicht erneuert.
Befaßte sich schon vor der Bunkereröffnung mit drogengefährdeten Jugendlichen. Seine Tätigkeit im Bunker konzentrierte sich hauptsächlich auf die Beratung bei Konflikten und Drogenfällen.
In seinem Artikel hebt er vor allem die günstigen Voraussetzungen hervor, die sich in einem autonomen Jugendzentrum für psychiatrische und psychologische Betreuung von Jugendlichen ergeben.

Oskar Ruf, Dr. phil. I, geboren 1931 in Zürich. Kaufmännische Lehre, anschließend Studium der Philosophie, Psychologie, deutschen Literatur und Religionsgeschichte in Paris und Zürich. Arbeitet in freier psychoanalytischer Praxis in Zürich, leitet u. a. Selbsterfahrungsgruppen mit Studenten.
Seine Erfahrungen mit Jugendlichen des Bunkers beruhen auf Beobachtungen in einer Selbsterfahrungsgruppe der Betreuungsorganisation Speak-out. Oskar Ruf diskutiert in seinem Artikel die Möglichkeiten und Grenzen jugendlicher Selbsthilfe und jugendlicher Autonomie.

François Höpflinger, geboren 1948 in Zürich. Seit Herbst 1968 Studium der Soziologie an der Universität Zürich. Mitglied des Bunkerkomitees während und nach dem «Experiment Lindenhofbunker».
Er beschreibt den politischen Reifungsprozeß der Bunkerbewegung. Danach haben nicht zuletzt die behördlichen Maßnahmen zur zunehmenden gesellschaftspolitischen Bewußtwerdung der Jugendlichen beigetragen.

Vorwort

In diesem Buch wird versucht, das Experiment Lindenhofbunker Zürich gesamtgesellschaftlich zu deuten – anders, als es in den Massenmedien geschah.
Die Ursachen für die heutigen Auseinandersetzungen zwischen Jugendlichen und Behörden sind grundsätzlicher Natur. Gegensätzliche Staatsphilosophien und Menschenbilder streben nach Verwirklichung. Das Ideal des historisch gewachsenen Staates als Quelle persönlicher Sicherheit konkurriert mit der Idee vom Staat als «Infrastrukturgarant». Einerseits wird jene Ordnung gelobt, in der die persönliche Identität vorwiegend durch den Mechanismus der Projektion und Identifikation mit kollektiven Prestigesymbolen möglich und notwendig ist, anderseits wird nach einer Ordnung gesucht, die möglichst allen Individuen die Voraussetzungen zur eigenständigen, persönlichen Selbstverwirklichung schafft. Dem konservativen Menschenbild gilt der Mensch als unmündig und führungsbedürftig, wogegen die progressive Schau von der Annahme ausgeht, daß die heute weit verbreitete Führungsbedürftigkeit zur Hauptsache ein Produkt interessenbedingter, sozialer und kultureller Gegebenheiten ist.
Die Altersfixierung spielt bei diesen Auseinandersetzungen eine immer geringere Rolle: Konservative Jugendliche gehen ihren Weg innerhalb machtvoller Traditionen; fortschrittliche Erwachsene ringen um neue Möglichkeiten des Menschseins. Weniger der von alters her bekannte Generationenkonflikt als der Kampf um die zentralen Werte in einer sich wandelnden Globalgesellschaft kennzeichnet den Tatbestand, den man fälschlicherweise «Jugendproblematik» nennt. Wertkonflikte sind notwendigerweise auch gesellschaftliche Konflikte. Nur eine ganzheitliche Betrachtungsweise sowie deren politische Konkretisierung vermögen die Grundlage zum Abbau der Spannungen zwischen Jugend und Erwachsenenwelt zu schaffen.
Die hier vorgelegten Beiträge unterscheiden sich in zweifacher Hinsicht. Einerseits sind sie wissenschaftlich interdisziplinär, indem soziologische wie psychologische Probleme gleichermaßen, aber getrennt diskutiert werden, anderseits bilden wissenschaftlich distanzierte wie auch politisch engagierte Stellungnahmen ein Gleichgewicht. Dabei stimmen die Herausgeber nicht in allen Punkten mit den Meinungen der Autoren überein, doch sind sie überzeugt, daß die hier vertretenen Argumente eine wertvolle Ergänzung zur oft einseitigen Interpretation der Geschehnisse darstellen.

Anlaß und Ausgangspunkt unseres Buches bildete eine wissenschaftliche Beobachtung im «Bunker von Zürich»[1]. Diese Studie hatte zwei Aufgaben: Einmal sollten alle Vorgänge im Jugendzentrum beschrieben werden, und im weitern ging es um die Beantwortung der theoretischen Frage, unter welchen Bedingungen sich der Jugendliche im Jugendzentrum so oder anders verhält. Die wichtigsten Resultate sind im Beitrag von H.-P. Müller zusammengefaßt. Eine unvoreingenommene Auseinandersetzung mit ihnen zeigt, daß im Bunker Probleme sichtbar geworden sind, die auch heute noch, wo es kein «Autonomes Jugendzentrum Lindenhofbunker» mehr gibt, weiterbestehen. Eine Frage konnte nicht behandelt werden, weil die empirischen Grundlagen dazu fehlten: die Stellung der sogenannt «problemlosen» Jugendlichen in unserer Gesellschaft – jener Jugendlichen, die sich widerstandslos integrieren, das heißt, auf ihre Konsumenten- und Bürgerrolle vorbereiten lassen. So wichtig dieser Aspekt des Jugendproblems auch sein mag, so berechtigt scheint die gezielte Auseinandersetzung mit nur jenem Teil der Jugend, der sich heute in eine äußerlich sichtbare Opposition begibt.

Die Erkenntnisse aus dem Bunkerexperiment – obwohl es nur zwei Monate gedauert hat – sind grundsätzlicher Natur. Ebenso sind die Reaktionen der Behörden charakteristisch. Damit erscheint das Bunkerexperiment nicht als ein bedeutungsloses Einzelereignis. Es ist ein exemplarischer Fall.

Zürich, Januar 1972 Hans-Peter Müller
 Gerold Lotmar

---

[1] «Wissenschaftliche Untersuchung über das Jugendzentrum Bunker Lindenhof» (bisher unveröffentlicht). Ausgeführt im Auftrag der stadträtlichen Externen Studienkommission für Jugendfragen, bearbeitet von Hans-Peter Müller.

Chronik eines Jugendzentrums

Die folgende Darstellung der wichtigsten Ereignisse zum Bunkergeschehen ist eine Zusammenfassung eines über hundertseitigen Berichtes, der als Bestandteil einer wissenschaftlichen Untersuchung an die «Externe Studienkommission für Jugendfragen» der Stadt Zürich abgeliefert wurde. Seine Optik ist vorwiegend die des Bunkerkomitees.

1949	Gründung des Vereins «Zürcher Jugendhaus». Zweck und Aufgabe: «... die Schaffung und der Betrieb eines Jugendhauses in der Stadt Zürich, das – politisch und konfessionell neutral – allen Jugendlichen und Jugendverbänden zur Gestaltung der Freizeit zur Verfügung steht.»
1959	Schaffung einer Begegnungsstätte auf der städtischen Liegenschaft «Drahtschmiedli» als Provisorium.
April 1967	Erster Vorstoß vom Leiter des Provisoriums Drahtschmiedli zur Errichtung eines Jugendzentrums im sogenannten «Globusprovisorium» an der Bahnhofbrücke (das Warenhaus Globus sollte im Herbst 1967 aus dem Provisorium an der Bahnhofbrücke in einen Neubau übersiedeln).
Juni 1967	Gründung des Initiativkomitees «Aktion Bahnhofbrugg» durch Vertreter verschiedener Jugendorganisationen und Jugendinstitutionen.
Juli 1967	Die Aktion Bahnhofbrugg übergibt dem Stadtrat eine Eingabe, wonach im frei werdenden Globusprovisorium ein Jugendzentrum einzurichten sei. Bis Sommer 1968 nimmt der Stadtrat zu keiner der verschiedenen Initiativen zugunsten eines neuen Jugendzentrums Stellung.
Juni 1968	• Zusammenschluß sozialistischer Gruppen in der «Fortschrittlichen Arbeiter und Studenten»-Organisation (später: «Fortschrittliche Arbeiter, Schüler und Studenten», FASS). • Monster-Popkonzert im Hallenstadion Zürich-Oerlikon. Es kommt zur ersten heftigen Auseinandersetzung zwischen Jugendlichen und der Polizei, in deren Verlauf die Polizei unnötig hart – auch gegen Reporter (Zerstörung von belastenden Filmen) und unbeteiligte Passanten – vorgeht.

- Zweitägige bewilligte Veranstaltung im leerstehenden Globusprovisorium, an der mehrere tausend Jugendliche teilnehmen. Wahl eines achtzehnköpfigen «Provisorischen Aktionskomitees für ein autonomes Jugendzentrum», in dem vier Mitglieder der FASS vertreten sind. Ultimatum an den Stadtrat: Bis zum 1. Juli 1968 muß ein für Großveranstaltungen geeignetes Lokal zur Verfügung gestellt werden; andernfalls droht die Versammlung mit der Besetzung des leerstehenden Globusprovisoriums.
- Der Stadtrat gibt seinen Beschluß bekannt, das Globusprovisorium an den «Lebensmittelverein Zürich» und an die Eidgenössische Technische Hochschule zu vermieten.
- Motion Baumann (von 42 Motionären unterzeichnet), wonach möglichst bald eine Vorlage zur Schaffung einer Begegnungsstätte für die Jugend zu erarbeiten sei.
- Versuch des Jugendkomitees, auf den 29.6. nochmals eine Vollversammlung im Globus einzuberufen, um eine weniger ultimative Politik gegenüber der Stadt festzulegen. Die Stadt bewilligt jedoch keine weitere Jugendversammlung im – mittlerweile vermieteten – alten Globus und gibt gleichzeitig der Polizei Weisungen, die Jugendlichen weder in den leerstehenden Globus eindringen noch sie auf die «Sechseläuten-Wiese» beim Bellevue-Platz ziehen zu lassen. Damit ist eine Konfrontation unvermeidlich geworden. Am 29.6. kommt es zum sogenannten «Globuskrawall»; Polizeibeamte prügeln und schikanieren «in eigener Kompetenz» Jugendliche, von denen sie annehmen, sie hätten gegen das Gesetz verstoßen.

Diese polizeilichen Übergriffe sind – im Gegensatz zu jugendlichen Übergriffen – kaum geahndet worden.

Juli 1968
- Veröffentlichung des «Zürcher Manifestes», in dem namhafte Persönlichkeiten auf die Gefahren aufmerksam machen, die aus den behördlichen Reaktionen auf jugendliches Verhalten resultieren könnten. Die Jugendunruhe wird als Folge der Unbeweglichkeit unserer Institutionen interpretiert.
- Städtischer Vorschuß von Fr. 200000.– zur Ausarbeitung einer baureifen Projektvorlage für die Überbauung des Drahtschmiedli-Areals (auf diesem Areal steht noch immer das alte Provisorium).

August 1968	Bildung einer «Externen Kommission für Jugendfragen» zur Erleichterung des Kontaktes zwischen der Jugend und der Stadt.
November 1968	Neukonstituierung der «Internen Kommission für Jugendfragen» im Hinblick auf eine bessere Koordination innerhalb der Stadtverwaltung.
Januar 1969	Studienreise einer altersmäßig gemischten Gruppe nach Stuttgart, Hannover, Amsterdam und Paris. Abklärung der Frage, wie in andern Städten Jugendzentren organisiert und welche Erfahrung mit ihnen gemacht worden sind.
Februar 1969	Umfrage der Externen Studienkommission unter allen Jugendgruppen und -organisationen über ihre Vorstellungen bezüglich Form und Betrieb eines städtischen Jugendzentrums. Die Auswertung der Antworten offenbart unterschiedliche Vorstellungen, wobei Splittergruppen wie auch etablierte Jugendorganisationen (zum Beispiel Pfadfinder) vor allem an kleineren Arbeitszimmern interessiert sind – über die sie zumeist bereits verfügen –, wogegen die Vertreter der unorganisierten Jugend ein großes, autonomes, jedermann zugängliches und räumlich flexibles Zentrum wünschen.
Juli 1969	• Die Externe Studienkommission lädt die Vertreter der interessierten Jugendorganisationen und Jugendlichen zu einer Besichtigung des Luftschutzbunkers Lindenhof ein als möglicher Ort für ein Jugendzentrum. • Die Externe Studienkommission unterbreitet dem Stadtrat Vorschläge für das Jugendzentrum Lindenhofbunker. Diese Vorschläge sind von der Jugendkommission und der interessierten Jugend gemeinsam erarbeitet worden. Man einigt sich insbesondere auf die Öffnungszeiten (normalerweise von 11 00 Uhr bis 24 00 Uhr, Freitag und Samstag bis 02 00 Uhr), auf das Verbot des Verkaufes von Alkohol (aber Zulassung von mitgebrachten alkoholischen Getränken), auf die Kompetenzen der von den Jugendlichen zu wählenden Leitung (Bunkerkomitee) sowie auf den Verkehr zwischen dem Bunkerkomitee und der Stadt (*direkter* Kontakt mit dem Stadtrat ohne Vermittlung der Externen Studienkommission: «Die Kommission kann aus juristischen Gründen und will aus Respekt vor der Forderung nach größtmöglicher Autonomie

	diese Aufgabe nicht übernehmen».) Gleichzeitig betont die Kommission, daß die Autonomie der geplanten Begegnungsstätte im Rahmen der geltenden Rechtsordnung zu verstehen sei.
August 1969	Weisung des Stadtrates (Exekutive) an den Gemeinderat (Legislative) im Sinne der Empfehlungen der Studienkommission. Der Stadtrat betont jedoch das Problem des Jugendschutzes und will – im Gegensatz zu den Anträgen der Jugendkommission – allen Jugendlichen unter 16 Jahren den Zutritt zum Bunker bereits ab 1800 Uhr verbieten.
Dezember 1969	Bildung einer Zehnerkommission aus Jugendlichen aller politischen Richtungen, die eine Vollversammlung zur definitiven Gründung eines «Vereins Autonomes Jugendzentrum» und zur Bestellung eines verhandlungsfähigen Komitees (Vereinsvorstand) vorbereiten soll.
Januar bis Juni 1970	• Die Zehnerkommission arbeitet die allgemein gehaltenen provisorischen Statuten und ein Internes Reglement zuhanden der Jugend-Vollversammlung aus. Diese Unterlagen werden dem Sekretariat des Stadtpräsidenten im April zugestellt, doch reagiert der Stadtrat nicht. • Aufruf zur Beteiligung an der Jugend-Vollversammlung in Inseraten und Flugblättern. • Pressekonferenz zur Orientierung über die bisherigen Vorarbeiten.
Juli 1970	Jugendvollversammlung im Volkshaus Zürich mit etwa 600 Anwesenden: • Annahme des städtischen Bunkerangebotes. • Annahme der Statuten und des Internen Reglementes mit zwei Änderungen. Anstelle des Satzes: «Der Ordnungsdienst achtet darauf, daß die Weisung des Stadtrates betreffend Alkoholverbot befolgt wird», ist eine Formulierung gewählt worden, die den ursprünglichen Vorschlägen der Externen Studienkommission an den Stadtrat näher kommt: «Der Ordnungsdienst achtet darauf, daß kein Mißbrauch von Alkohol vorkommt.» Des weiteren sollen unter Sechzehnjährige bis 2000 Uhr Zutritt haben, und nicht, wie der Stadtrat vorgeschlagen hat, nur bis 1800 Uhr. • Rückzug der FASS-Fraktion. Die Auflagen des Stadtrates erscheinen ihr als unzumutbar.

- Wahl des Komitees: acht «gemäßigte» sowie sieben «progressive» Kandidaten.

Juli 1970 bis Oktober 1970
Vorbereitungsarbeiten zur Eröffnung des Bunkers. Auffallend ist die mangelnde Präsenz der «Gemäßigten» bei dieser Vorarbeit, was den «progressiven Autonomen» bei der Durchsetzung ihrer Vorstellungen freie Hand läßt.

- Entgegen früheren Versprechungen erklärt die Stadt, vom vierstöckigen Bunker müsse der oberste Stock wegen des Baus einer Großgarage gesperrt und der 3. Stock in seiner Benützung eingeschränkt werden.
- Der Stadtrat willigt der Ausnahmebestimmung zu, daß ein Raum die ganze Nacht offenbleiben könne, falls mehr als zehn Jugendliche über die vorgesehenen Öffnungszeiten hinaus im Bunker diskutieren möchten. Diese Abmachung wird später zum großen Zankapfel zwischen Jugendlichen und Behörden, denn die Behörden rechnen offenbar nicht mit der Möglichkeit, daß sehr viele Jugendliche dank dieser Bestimmung die Gelegenheit zum Übernachten im Bunker wahrnehmen werden.
- Pressekonferenzen und Führungen durch den Bunker.
- Beschluß, ein dreitägiges Eröffnungsfest zu organisieren.

30. Oktober Eröffnung des Bunkers.

Schlagartig werden neue Probleme sichtbar. Alle erkennen, daß die personelle Dotierung ungenügend und das formell verantwortliche Komitee überfordert ist. Der Club Speak-out wird täglich mit mehreren Drogenfällen, die früher auf der Straße geendet haben, konfrontiert.

November 1970
- Die Behörden sind nicht in der Lage oder nicht willens, rasch und wirkungsvoll Sozialarbeiter zur Verfügung zu stellen. Der Bunker wird zum meistfrequentierten und finanziell schlechtest gestellten Jugendzentrum Europas. Das Komitee entschließt sich, Übernachtungen im Bunker zuzulassen, weil es die Besucher sonst mit Gewalt auf die Straße stellen müßte. Grundsätzlich erkennt das Komitee die Fragwürdigkeit der behördlichen Auflagen und entschließt sich, diese nur so weit zu respektieren, als sie zur Offenhaltung des Bunkers unumgänglich sind.
- Im «Züri-Leu», einer viel gelesenen Inseratenzeitung, erscheint vier Tage (!) nach Eröffnung des Bunkers ein Bericht, der die Situation im Bunker in ungünstigem Licht

darstellt: «Zuwenig Platz, schlechte Entlüftung und ausgiebiger Haschkonsum schaffen alle Voraussetzungen für einen baldigen Abbruch des Unternehmens.»
- Pressekonferenz des Komitees zur Erläuterung der Probleme, die im Bunker sichtbar werden. Versuche zur Aktivierung der Besucher und damit zur Reduktion des Drogenkonsums.
- Der Stadtrat droht mit dem Abbruch des Experimentes, falls es dem Komitee nicht gelingt, das Problem der Minderjährigen zu lösen.
- Vollversammlung vom 24.11. im Stadthof 11 in Zürich-Oerlikon. Beschlüsse:
24-Stunden-Betrieb im Bunker mit Tolerierung der Übernachtungen bis zur Eröffnung einer Notschlafstelle; Tolerierung der Minderjährigen im Bunker bis 23.30 Uhr – wie es in einigen Restaurants der Stadt üblich ist; Einigung auf die Formel: «Hasch ja, im Bunker nein.»
Die Vollversammlung stimmt den radikalsten Vorschlägen zu, während das Bunkerkomitee in allen Punkten Mäßigung empfiehlt. Das Komitee akzeptiert die Beschlüsse der Vollversammlung, weil die Furcht vor einer Entfremdung von der Basis stärker ist als die Furcht vor dem Druck der Behörden.
- Schaffung einer «Goodwill-Kommission» als Puffer und Vermittler zwischen dem Bunkerkomitee und dem Stadtrat, somit ein Ersatz für die Externe Studienkommission, die diese Funktion nicht übernehmen will.
- Forderung des Komitees nach einer behördlich unabhängigen Notschlafstelle, um durch ein Alternativangebot die Übernachtungen im Bunker zu reduzieren.

Dezember 1970
- Besprechung Komitee–Stadtrat über die Schaffung eines Sozialdienstes im Bunker. Der Stadtrat erkennt die «prinzipielle» Notwendigkeit einer solchen Maßnahme, kann sich aber aus finanziellen, rechtlichen und andern Erwägungen nicht zum Handeln entschließen.
- Schaffung eines ärztlichen Pikettdienstes für Drogen-Notfälle mit Hilfe der unabhängigen Organisation Speakout.
- Das Komitee plant, durch neue Möblierung und neue Beleuchtung die Aktivität im Bunker zu fördern und den Drogenkonsum zu reduzieren. Diese vielversprechende

Entwicklung verläuft resultatlos, weil die städtischen Ämter den Kontakt mit dem Bunker ab Mitte Dezember (Ultimatum) praktisch abbrechen. Die Komiteevorschläge an das Hochbauamt werden nicht beantwortet.
- Neue Regeln für das Abwartamt werden aufgestellt. Die Hauptaufgabe des Abwartes besteht nicht mehr darin, zu wissen, was alles passiert, als vielmehr darin, die sozialen und politischen Grundsätze des Bunkers gegenüber Eltern und Behörden zu vertreten.
- Gründungsversammlung der «Revolutionären Lehrlinge Zürichs» im Bunker.
- Gründung der «Heimkampagne», einer Selbsthilfeorganisation zur Änderung der Verhältnisse in Heimen und Anstalten. Diese Gründung erfolgt vor allem aufgrund von Berichten entlaufener Zöglinge, die im Bunker ein Obdach finden.
- Aufbau der «Roten Hilfe», einer Organisation zur Unterstützung von Jugendlichen und Erwachsenen in allen Notfällen, insbesondere wenn diese durch behördliche Willkür verursacht werden.

14.12.70 Ultimatum des Stadtrates an das Komitee. Darin sind im wesentlichen folgende Forderungen enthalten:
a) die Öffnungszeit des Bunkers ist zu reduzieren auf 11.00 Uhr bis 24.00 Uhr.
b) Unter Sechzehnjährige haben den Bunker spätestens um 18.00 Uhr zu verlassen.
c) Die Umgebung ist vor den «Immissionen» des Bunkers zu schützen.
Diese Forderungen müssen innerhalb von drei Wochen, bis zum 7.1.1971, erfüllt werden, andernfalls will der Stadtrat den Bunker schließen lassen.

17.12.70 Das Komitee bespricht das Ultimatum mit dem Stadtrat.

20.12.70 Veröffentlichung des Ultimatums in der Tagespresse durch den Stadtrat. Das Komitee wertet die Veröffentlichung als Verstoß gegen den Grundsatz der «Verhandlungen auf Vertrauensbasis» und als «Gefährdung des Experimentes durch Verbote und Eingriffe in die innere Struktur». Weigerung des Komitees, mit dem Stadtrat weiter zu verhandeln.

21.12.70	Pressekonferenz des Komitees anstelle der vorgesehenen Sitzung mit dem Stadtrat am 22.12. Darin verweist das Komitee
• auf die mangelnden finanziellen und räumlichen Voraussetzungen für eine positive Arbeit;
• auf die sozialen Probleme, die durch den Betrieb des Bunkers sichtbar geworden sind und die mit einem Ultimatum nicht zu lösen sind;
• auf die Bemühungen des Komitees, die Probleme im Rahmen der Legalität zu lösen.
22.12.70	Polizeirazzia im Bunker durch 37 Polizisten. Die Besucher (115 Burschen und 30 Mädchen) des Jugendzentrums leisten keinen oder nur passiven Widerstand. «Alles verlief sehr ruhig, fast wie in einem Krippenspiel», erklärt der Chef der Kriminalpolizei an der Pressekonferenz. Die Resultate der Razzia sind dürftig.
Auch gemäßigte Jugendliche und Komiteemitglieder beginnen an der Möglichkeit zu zweifeln, ein autonomes Jugendzentrum auf legalem, «parlamentarischem» Wege zu schaffen. Alle Beteiligten beurteilen die wohlorganisierte Razzia einen Tag nach der Pressekonferenz als behördliches Vorspiel zur Bunkerschließung.
27.12.70	Einladung zur 3. Vollversammlung mit dem Flugblatt «Aufruf an die Bevölkerung». Darin formuliert das Komitee vier Alternativen:
«*1. Wir akzeptieren das Ultimatum und gehen um 24.00 Uhr aufs Tram.*
2. Wir akzeptieren pro forma und versuchen, weiter zu verhandeln.
3. Wir verzichten freiwillig auf den Bunker, der nie war, was wir wollten.
4. Wir gehen nicht auf das Ultimatum ein und behalten unsern Bunker mitsamt unserer Autonomie. Wenn der Stadtrat dies nicht akzeptiert, werden wir dafür kämpfen.»
28.12.70	Vollversammlung.
Über die vier Vorschläge wird einzeln abgestimmt. Antrag 1 und 3 fallen durch; Antrag 2 unterliegt dem Antrag 4 mit 205 gegen 309 Stimmen.
Das Komitee schlägt die Gründung einer «Autonomen Republik Bunker» (ARB) vor: «Nicht Gewalt, sondern Autonomie! Wir wollen die Bevölkerung und den Stadt-

	rat zwingen, zu der Autonomie Stellung zu nehmen»; «die Republik ist nicht an den Bunker gebunden, sie wird überall sein, wo es Junge gibt». Der Vorschlag wird nach eingehender Diskussion mit großem Mehr gutgeheißen. Das Komitee soll die ARB-Verfassung ausarbeiten.
Silvesternacht 1970/71:	Gründung der ARB als «wandernder Staat». Die «mystische Gemeinschaft der Jugendlichen» soll derart eine eventuelle Schließung des Bunkers überdauern können. Verlesung der ARB-Verfassung auf dem Lindenhof; Hinweis auf die «bewaffnete Neutralität» der neuen Republik; Erstellung von «Einwohnerkarteien»; Abgabe von «Pässen»; Einzug in den als «Staatsterritorium» gekennzeichneten Bunker.
5.1.71	Petition «Für ein Autonomes Jugendzentrum – gegen die vorzeitige Schließung des Lindenhofbunkers» an den Stadtrat, unterzeichnet von 142 Personen (8 Politiker, 25 Journalisten und Schriftsteller, 48 Kunstschaffende, 44 Akademiker, 17 aus verschiedenen Berufen). Innerhalb von vier Tagen melden sich über 2000 Jugendliche bei der «Einwohnerkontrolle» der ARB und erwerben sich einen ARB-Paß. Das Komitee kämpft verbal auf «diplomatischer Ebene» und überläßt die Vorbereitungen für eine Bunkerbesetzung der «Sozialistischen Kampfgruppe».
6.1.71	• Vollversammlung im Volkshaus mit Stadtpräsident Dr. Sigmund Widmer. Die rund 1000 Anwesenden sind überwiegend «Republikaner», die in eigener Sache kommen und hinter dem Komitee stehen. Trotz verschiedenen Vermittlungsvorschlägen (städtische Notschlafstelle für 30 Personen) kann keine Einigung erzielt werden. Das stadträtliche Ultimatum wird mit 560 gegen 280 Stimmen verworfen. Gegen Schluß der Versammlung gibt das Komitee bekannt, eine Gruppe Jugendlicher habe sich im Bunker eingeschlossen, um seine Einnahme durch die Polizei zu verhindern. • Umstellung des Bunkers durch die Polizei. Die «Besetzung» kann nur wenige Tage aufrechterhalten werden. Die Zürcher Öffentlichkeit hat ein autonomes Jugendzentrum 68 Tage ertragen.

Hans-Peter Müller
Politische Folgerungen aus einer soziologischen
Untersuchung im Bunker

Im Winter 1970/71 wurde im Auftrag der Stadt Zürich im Jugendzentrum Lindenhofbunker in Zürich eine wissenschaftliche Beobachtung durchgeführt, die so lange dauerte, bis die Behörden das Experiment abbrachen und den Bunker schlossen. Im folgenden beschäftige ich mich mit der Frage, wie die Resultate dieser Untersuchung über die Jugend in politischer Hinsicht fruchtbar gemacht werden könnten. In einem *ersten Teil* beschreibe ich kurz die Art der Untersuchung und die dabei gewonnenen Erkenntnisse, um dann im *zweiten Teil* politische Fragestellungen aufzugreifen. Dabei werde ich mich nicht mit dem Problem befassen, mit welchen politischen Mitteln die konkreten Forderungen durchgesetzt werden könnten.

Erster Teil
Die wissenschaftliche Untersuchung im Bunker

1. Warum die Untersuchung gemacht wurde

Der Anreiz für die Stadt Zürich, eine wissenschaftliche Beobachtung im Bunker durchführen zu lassen, war vor allem durch folgende Überlegungen gegeben:
Einmal ging es den Behörden um eine neutrale Information über alles, was im Bunker geschah. Den Auftraggebern war klar, daß eine teilnehmende Beobachtung auf die Dauer nur im Einverständnis mit den Bunkerleuten möglich sein würde. Keine Information sollte deshalb an die Stadt weitergegeben werden, die nicht vorgängig vom Komitee (Bunkerleitung) gesichtet und freigegeben worden war.
Zum andern spielte der Rechtfertigungsgedanke eine wichtige Rolle. Die Stadt war sich bewußt, daß sie mit ihrem Experiment eines autonomen Jugendzentrums in der Öffentlichkeit auf Widerstand stoßen würde, sobald «schockierende» Nachrichten aus dem Bunker nach außen gelangten. Sie hoffte, ungerechtfertigte oder übertriebene Vorwürfe der Gegner eines derartigen Jugendzentrums mit Hilfe objektiver und glaubwürdiger Beobachtungen entkräften zu können.
Schließlich sollte der Blick in den Spiegel wissenschaftlicher Beobachtungen das rationale Verhalten aller Beteiligten fördern. Man hoffte, Mißverständnisse so eher vermeiden zu können und Erfahrungen zu sammeln, die zwar nicht die Gegensätze zwischen Jugendlichen und Behörden, wohl aber die gegenseitige Angst aus Unkenntnis und Vorurteilen abbauen sollten.

2. Die Durchführung der Untersuchung

Kurze Zeit nach der Eröffnung wurde das Jugendzentrum wieder geschlossen (vgl. Chronik eines Jugendzentrums, S. 11). Die Behörden erkannten die grundsätzliche Natur der im Bunker sichtbar gewordenen Probleme, ebenso aber auch, daß zur Lösung dieser Probleme (zum Beispiel eine autonome Schlafstelle, Drogeneindämmung, die Behandlung Minderjähriger und ihrer Eltern) Entscheidungen nötig wären, die dem Bürger nach offizieller Version «nicht zuzumuten» seien. Unangenehme Symptome zu verbieten war einfacher, als ihre Ursachen zu beseitigen. Verglichen mit den ursprünglichen Absichten hat die wissenschaftliche Untersuchung ihre Funktion daher nicht erfüllt; ihrem eigentlichen Verwendungszweck entfremdet, stellt sie eine Analyse des Bunkerpublikums um die Jahreswende 1970/71 dar.

Die Bestandsaufnahme stützte sich hauptsächlich auf die Auswertung von 166 Interviews; zusätzlich wurden alle wesentlichen Veranstaltungen (Vollversammlungen, Sitzungen, Demonstrationen, Republik-Gründung etc.) bis zur Bunkerschließung besucht und protokolliert. So entstand das Bild eines Jugendzentrums, das sich als ein autonomes verstand. Die eigentliche Auswertung erfolgte im Sommer 1971.

Im vorliegenden Rahmen kann es nicht darum gehen, meine Erlebnisse und Erfahrungen ausführlich zu beschreiben. Das Ziel dieses Artikels besteht darin, Folgerungen für politisches Handeln zu ziehen. Dies setzt eine Zusammenfassung der wichtigsten Beobachtungsresultate voraus, soweit sie mit der politischen Fragestellung zusammenhängen. Da die Schlußfolgerungen untrennbar von den Gesichtspunkten abhängig sind, die den Interviews und deren Auswertung zugrunde lagen, seien die wichtigsten Fragestellungen kurz umrissen:

1 Aus welchem sozialen Milieu stammt der (die) Jugendliche? Welchen Beruf übt der Vater aus? Ist die Mutter Hausfrau, oder was arbeitet sie sonst? Ist der (die) Jugendliche[1] auf dem Land, in Vororten oder in der Stadt aufgewachsen? Mit andern Worten: Welcher sozialen Schicht oder Klasse gehören die Eltern an?

2 Was für Problembereiche werden beim Jugendlichen sichtbar? Im Elternhaus (Scheidung, Heimverwahrung, Wohnortwechsel etc.)? In der Schule (Mühe, Leistungsdruck, Isolierung)? Am Arbeitsplatz?

3 Wie steht der Jugendliche selbst im Leben? Wie alt ist er? Über

---

[1] Aus sprachlichen Gründen wird zwischen männlichen und weiblichen Jugendlichen nicht mehr unterschieden, außer in jenen Fällen, wo geschlechtsspezifische Unterschiede wesentlich sind.

welche Ausbildung verfügt er? Was arbeitet er? Lebt er bei den Eltern, in der Stadt oder auf dem Land; in einem Zimmer, einer Wohnung, einer Kommune, nirgendwo (im Bunker)?

4 Was für Ansichten äußert der Jugendliche? In welchem Maß sind ihm aktuelle Probleme seiner eigenen Lebenssituation bewußt? Vermag er sich darüber zu äußern? Wie begründet und erklärt der Befragte seine Meinungen? Wie strukturiert ist sein politisches Bewußtsein? Stimmen seine Auffassungen mit den vorherrschenden Meinungen und der bestehenden Ordnung überein, oder lehnt er diese ab? In welchen Lebensbereichen ist er eher zufrieden, eher unzufrieden? Was für Lösungen schweben ihm vor? Will er sich an die konventionellen politischen Einflußmöglichkeiten halten, oder erkennt er, daß ihm als Jugendlichen – unter 20 Jahren – wirksame politische Mittel fehlen?

Wie berechtigt erscheint dem Jugendlichen die bestehende gesellschaftliche Ordnung? Im besonderen: Ist er einverstanden mit seiner eigenen Position in unserer Gesellschaft? Inwiefern fühlt er sich individuell stark genug, seine Probleme zu lösen?

5 Ist der Jugendliche ins gesellschaftliche Leben der Erwachsenenwelt einbezogen? Möchte er daran teilnehmen? Ist er durch seine tägliche Arbeit, seine beruflichen Absichten, durch seine Kleidung, durch seine politischen Vorstellungen und seine kulturellen Neigungen ins gesamtgesellschaftliche Leben integriert oder steht er abseits?

6 Nimmt der Jugendliche am Leben in jugendeigenen Bereichen teil? Tut er dies in aktiver oder passiver Weise? Ist der Bunker für ihn vor allem ein Ort der Diskussion und der politischen Auseinandersetzung oder mehr ein Ort des Rückzugs vor den Anforderungen der Gesellschaft? Ist der Jugendliche nur in die Jugendkultur integriert oder nur in die Erwachsenenkultur, steht er überall abseits, oder beteiligt er sich überall?

Nach diesen Gesichtspunkten wurden die Fragen an die Bunkerbesucher formuliert und ausgewertet (vgl. Anhang I, S. 60). Man könnte sich fragen: Warum gerade diese und nicht andere Gesichtspunkte? Es wäre auch denkbar, in einer Untersuchung über die Besucher eines autonomen Jugendzentrums Körpermaße zu messen und Blutgruppen zu erfassen (medizinische Gesichtspunkte) oder etwa Träume zu sammeln und Assoziationstests durchzuführen (psychologische Gesichtspunkte). Die oben genannten Fragenkomplexe sind alle soziologischer Natur; sie zielen vor allem auf gesellschaftliches Handeln und auf Wertmaßstäbe ab.

Zum grundsätzlich subjektiven Entscheid, die Akzente gerade so zu setzen, bewog mich folgender Sachverhalt: Parallel zur Bunkeruntersuchung wurde im Auftrag der «Externen Studienkommission für Jugendfragen der Stadt Zürich» eine größere interdisziplinäre Untersuchung durchgeführt mit dem Thema: «Zur Unrast der Jugend unter besonderer Berücksichtigung politischer Einstellungen und Verhaltensweisen». Diese Problemstellung habe ich bewußt übernommen, um eine möglichst große Vergleichbarkeit zwischen den Resultaten der beiden Untersuchungen zu erreichen.

Nachdem die Antworten vorlagen und ausgezählt waren (vgl. Anhang II, S. 68), bestand die wichtigste Aufgabe darin, *Zusammenhänge* zwischen den verschiedenen Bereichen, die oben dargestellt sind, zu entdecken. Es konnte selbstverständlich nicht darum gehen, Einzelantworten miteinander zu vergleichen, beispielsweise zu untersuchen, ob Jugendliche, die mehr als eine halbe Stunde im Tag den «Tagesanzeiger» lesen, eher für oder gegen Dienstverweigerung sind. Solche Kombinationen hätte es Tausende gegeben, und jede wäre für sich allein genommen nicht sehr aufschlußreich gewesen. Es interessierte – um beim selben Beispiel zu bleiben –, ob das Ausmaß an aktualitätsbezogener Information mit der Bejahung oder Ablehnung der bestehenden politischen Institutionen im Zusammenhang steht. Es zeigte sich deutlich, daß mit zunehmender Informiertheit die Unterstützung des Bestehenden abnimmt. Ob die Informationen aus der «Neuen Zürcher Zeitung», dem «Spiegel» oder der Television stammen, ob die Ablehnung bestehender Institutionen die politischen Parteien, das Militär oder das Schulsystem betrifft, ist *in diesem Zusammenhang* sekundär, erst in der feineren Analyse von Bedeutung.

Die Darstellung der Resultate beruht somit auf Berechnungen, die das Ausmaß des Zusammenhanges zwischen verschiedenen *Antwortkomplexen* sichtbar machen. Die Ergebnisse stammen vom Computer des Rechenzentrums der Universität Zürich und sind insofern unbestechlich und objektiv.

3. Die wichtigsten Resultate

a) Spontaner Zulauf als Folge der Autonomie

Wurde das Bunkerexperiment von offizieller Seite als Mißerfolg gebucht und unter entsprechenden Kommentaren abgebrochen, drängt sich dennoch die Feststellung auf, daß das Jugendzentrum trotz seiner skandalösen Grundform bei der Jugend von Anfang an ein durchschlagender Erfolg war. Täglich kamen zwischen 300 und 1000 Besucher; bald wurden regelmäßig über hundert Übernachtungen gezählt. Es ist

eindeutig, daß die Jugend von dieser neuen Möglichkeit, unter sich zu sein, Gebrauch machen wollte, daß ein *Bedürfnis* nach einer derartigen Erfahrung bestand. Man mag einwenden, im Bunker habe sich nicht «die Jugend» getroffen, sondern «der Abschaum der Jugend» (aus einem Interview!); man mag vermuten, es seien nur Jugendliche einer besonderen sozialen Klasse gewesen, die sich im Bunker einfanden (Interpretation der Behörden), oder man mag von Drahtziehern sprechen, denen es schon immer gelungen sei, einen Haufen dummer Nichtwisser zu mobilisieren (Tendenz der «Neuen Zürcher Zeitung»).
Unsere Beobachtungen zeigen, daß dies alles in solcher Einseitigkeit nicht zutraf. Der Prozentsatz an Bunkerbesuchern aus ärmeren und reicheren Familien entsprach ungefähr dem Anteil an ärmeren und reicheren Familien in unserer Gesellschaft (weniger Reiche als Arme). Daß nur etwa 10 Prozent der Bunkerbesucher eine Mittelschule besuchten, spiegelt die Tatsache, daß im Kanton Zürich bloß eine kleine Minderheit die Mittelschule besuchen kann.
Von Drahtziehern wiederum kann keine Rede sein. Im Gegenteil. Das Scheitern des Bunkerexperimentes könnte darauf zurückgeführt werden, daß es keine «Drahtzieher» gab, die die Jugendlichen erfolgreich manipulierten. Das Bunkerkomitee glaubte an die Idee der Autonomie; nicht nur Autonomie nach «außen» gegenüber Behörden, sondern auch Autonomie nach «innen», das heißt Entscheidungsfreiheit jedes einzelnen Bunkerbesuchers. Man wollte kein Programm diktieren, sondern wartete ab, ob die träge Mehrheit der Bunkerbesucher von selbst auf den passiven Musikkonsum verzichten und etwa eine politische Diskussion beginnen würde.
Aktionen sollten spontan entstehen oder höchstens aufgrund gewisser Impulse. Statt Schallplattenmusik wurden von Zeit zu Zeit Informationen durchgegeben, die das Jugendzentrum betrafen, zum Beispiel Hinweise auf Druckversuche der Stadt, mit der Aufforderung, darüber zu diskutieren. Wäre es «raffinierten Agenten» gelungen, Tausende von Jugendlichen in den Bunker zu locken, wären sie gewiß auch fähig gewesen, diese im Jugendzentrum politisch zu aktivieren. Zum Drahtzieher gehört schließlich, daß er anonym und unerkannt eine ahnungslose Masse manipuliert, meist zugunsten fremder Interessen. Das Bunkerkomitee hingegen war ein gewählter und von unten kontrollierter Vorstand, wie es in unserm Land Tausende von solchen Vereinsvorständen gibt. Die erklärte Absicht aller Komiteemitglieder, auch der gemäßigten, war: Förderung der Aktivität durch Schaffung eines politischen Bewußtseins, und umgekehrt: Schaffung eines politischen Bewußtseins durch Förderung der Aktivität. Sie haben ihr Anliegen im

Bunker nicht erreicht. Der Bunker blieb in der Hauptsache ein Ort des passiven Rückzuges.

Das Jugendzentrum Zürich war lange vor seiner Eröffnung als «autonom» konzipiert. Am 9. Juli 1970 nahm die 1. Vollversammlung der Zürcher Jugend (ca. 600 Anwesende) im Volkshaus die Statuten an, deren 1. Satz lautete: «Das Autonome Jugendzentrum Lindenhof (AJZ) ist ein Verein nach Art. 60 ZGB» (vgl. S. 117). Zweifellos kann gesagt werden: Das Auffallende am Bunker war seine weitreichende Autonomie, die die Stadt im Sinne eines Experimentes zu akzeptieren bereit schien.

Erschienen an den Eröffnungstagen mehr als zehnmal so viele junge Besucher wie an der Vollversammlung, so vor allem deshalb, weil sie die Autonomie sehen und erleben wollten. Daß sie vieles, was bloß aus den widerwärtigen Raumverhältnissen resultierte (ein schlecht gelüfteter Bunker), bewußt oder unbewußt mit «Autonomie» in Verbindung brachten, liegt auf der Hand; diese Assoziation ist nur insofern richtig, als die Stadt für ein *autonomes* Jugendzentrum keine besseren Räumlichkeiten zur Verfügung stellen wollte.

Autonome jugendeigene Bereiche scheinen heute mehr als früher einem Bedürfnis der Jugendlichen zu entsprechen. Es gibt in Zürich keine Veranstaltung, Bewegung oder Begegnungsstätte, wo sich ähnlich viele Jugendliche unorganisiert und spontan treffen, wie dies im mittlerweile geschlossenen AJZ der Fall war. Entweder stimmt die Argumentation der Behörden nicht, nur eine kleine Minderheit von Extremisten und Gescheiterten hätte den Bunker besucht, oder aber diese Minderheit ist so groß, daß ein demokratisches Staatswesen nach den tieferen Ursachen forschen und diese beheben muß.

b) Der Jugendliche als Produkt seiner Umgebung

Im Hinblick auf die besonderen Charakteristika der Bunkerjugend fallen insbesondere zwei Dinge auf:

Erstens suchten den Bunker in der Mehrheit männliche Besucher auf (73,1%); zweitens stellte man einen überdurchschnittlich großen Anteil Jugendlicher aus sichtbar gestörten Familienverhältnissen (21,6%) oder aus Heimen (10%) fest. Wurde oben gesagt, das Bunkerpublikum sei in seiner *sozialen Schichtung* ein getreues Abbild der gesamtgesellschaftlichen Verteilung, so trifft dies in bezug auf die *Familienstruktur* der Beteiligten nicht mehr zu.

Dieser Umstand ist von entscheidender Bedeutung. Offenbar gibt es in allen sozialen Bereichen Familienverhältnisse, die so geartet sind, daß Jugendliche lieber in einem dunklen Bunkerlokal leben als in jenem

Bereich, der ihnen von der Gesellschaft und den bestehenden Gesetzen zugewiesen wird. Für männliche Jugendliche scheint dies in stärkerem Maße zu gelten als für Mädchen, oder die Mädchen reagieren mit Formen, die im Bunker keine Rolle spielten (z.B. Prostitution). Es gilt zu beachten, daß die *Art der Probleme* vom sozialen Status der Eltern bestimmt wird. Obwohl Jugendliche von Eltern aller Positionen in den Bunker kamen, taten sie dies aus ganz verschiedenen Motiven.

Alle kehrten ihrem angestammten Milieu den Rücken; Kinder von ärmeren, ungebildeteren Eltern aus ländlichen Gegenden eher, um die Ansprüche der Erwachsenen zu vergessen und sich zurückzuziehen (Regreß); Kinder aus der sozialen Mittelschicht vor allem, um aus der Isolierung herauszukommen und Gleichgesinnte zu finden (Kontakte); Kinder gutgestellter, gebildeter Eltern aus der Stadt hielten sich hauptsächlich im Bunker auf, um zu erkennen, zu überzeugen, zu agieren, um die bestehende Ordnung zu verändern (Rebellion).

Dies sind objektive Befunde, die es zu interpretieren gilt. Es handelt sich um deutliche *Tendenzen* – Ausnahmen kommen immer vor –, und diese Tendenzen sind für Jugendliche in der Opposition gültig. Natürlich finden sich in allen sozialen Schichten auch Jugendliche, die nicht ausbrechen und sich ihren Weg innerhalb der bestehenden Strukturen suchen, geschehe dies nun aus Zufriedenheit oder aus Angst vor dem Ausbrechen.

Für eine vernünftige Deutung scheinen mir folgende Feststellungen aufschlußreich: Die soziale Position der Eltern bestimmt nicht nur die Art der Probleme des Jugendlichen, sondern auch seine Einstellungen und sein Verhalten. Je höher der Status der Eltern ist,
- desto besser ist der Jugendliche aus Radio, Fernsehen und Zeitungen politisch informiert;
- desto weniger fühlt er sich in der Schule überfordert;
- desto weniger glaubt er Jugendsolidarität bereits verwirklicht;
- desto eher hielt er sich in den oberen Stockwerken des Bunkers auf, wo sich die Arbeitsräume verschiedener politischer Gruppen und des Komitees befanden, wo Musik selten oder nie zu hören war;
- desto weniger störte ihn, daß der Bunker nicht so sauber und die Wände bemalt waren;
- desto weniger ist er gegen die Fremdarbeiter eingestellt;
- desto weniger ist er einverstanden mit der heutigen Situation der Fremdarbeiter in der Schweiz;
- desto weniger fühlt er sich der bestehenden – für ihn oft ungünstigen – Ordnung machtlos ausgeliefert.

Mindestens so wichtig ist die Umkehrung: Jugendliche von schlechter gestellten Eltern sind auch bildungsmäßig schlechter gestellt und fühlen sich daher unsicher und schwach; sie diskriminieren Fremdarbeiter mehr und zeigen sich an deren Problemen desinteressiert; ihnen ist der Bunker zu schmutzig, er sollte saubere Wände haben. Sie glauben, Jugendsolidarität sei bereits verwirklicht, und hören vor allem gern Musik oder geben gelegentlich einen «Joint» weiter.

c) Der Einfluß der Schulbildung
Diejenige Einzelgröße, die in Form und Intensität oppositionelles Verhalten am stärksten beeinflußt und ihrerseits vom Status der Eltern abhängt, ist die *Schulbildung*. In ländlichen Gebieten und in wirtschaftlich schlechtgestellten Familien, wo die Einstellung am wenigsten bildungsfreundlich ist, entwickelt sich die Schulzeit häufig zu einer mühseligen und frustrierenden Lebensphase für Kinder. Je größer aber die Schwierigkeiten während der ersten 8 Schuljahre sind,
- desto eher verläßt der Jugendliche die Schule nach der obligatorischen Schulzeit;
- desto eher wohnt er später bei den Eltern oder an deren Wohnort (desto kleiner ist also seine Mobilität);
- desto mehr fühlt er sich in seinem gegenwärtigen Tun fremdbestimmt;
- desto weniger scheint ihm eine Solidarität unter Jungen eine Notwendigkeit;
- desto mehr glaubt er bei allem, «man könne ja doch nichts machen», und
- desto mehr wünscht er sich ein Jugendzentrum mit unbemalten Wänden.

Auch hier ist die Umkehrung ebenso wichtig. Sie besagt, daß Jugendliche aus einem urbanen, bildungsorientierten Milieu sich eher informieren und weiterbilden, mobiler sind, Jugendsolidarität als notwendig erachten und sich stärker und sicherer fühlen.

Im weitern ist von besonderer Bedeutung, wie sich das Gefühl der Sicherheit oder Unsicherheit beim minderjährigen Jugendlichen auf seinen Wunsch nach politischer Mitbestimmung und nach Reduktion des Wahlalters auswirkt.

Je mehr sich ein Jugendlicher fremdbestimmt fühlt, desto weniger interessieren ihn politische Fragen und desto weniger wünscht er eine Reduktion des Wahlalters.

Demgegenüber: Je weniger sich ein Jugendlicher fremdbestimmt fühlt
– was aber zugleich bedeutet: je besser informiert und geschult er ist! –,
desto weniger legitimiert scheint ihm die schweizerische Ordnung in
ihrer bestehenden Form und desto eher ist er bereit, sie auch mit
außerparlamentarischen Mitteln zu verändern.

d) Die Ambivalenz des Wissens

Aus diesen Feststellungen ergibt sich für unsere Behörden ein Dilemma. Zwar ist es durchaus folgerichtig, wenn manipulierte (sich fremdbestimmt fühlende) Jugendliche ohne Einsicht in ihre eigenen und andere gesellschaftliche Probleme keine Reduktion des Wahlalters wünschen. Sie werden auch mit 20 Jahren zu jener schweigenden Mehrheit gehören, die sich selten oder nie an die Urnen begibt und behördliche oder andere Entscheidungen ohne nähere Kenntnisse prinzipiell als sinnvoll oder unsinnig taxiert.

Es hat sich gezeigt, daß Interesse und Teilnahme am gesellschaftlichen Leben mit dem Alter nicht zunehmen, sondern schon beim Sechzehnjährigen gegeben oder nicht gegeben sind.

Die Frage nach der Zukunft eines demokratisch organisierten Staatswesens stellt sich mit aller Schärfe, wenn der Anteil dieser Sich-machtlos-Fühlenden und Desinteressierten zu groß wird (oder bleibt). Unsere Behörden müßten deshalb die Schulbildung in allen sozialen Bereichen, insbesondere in der Unterschicht, massiv fördern, wenn sie als demokratische Instanzen glaubhaft sein wollen. Dem entgegen steht jedoch die Feststellung, daß mit zunehmendem aktualitätsbezogenem Wissen die Opposition gegen das Bestehende zunimmt. Dabei ist zu beachten, daß dieses «Wissen» nur jene Kenntnisse und Informationen umfaßt, die durch unser staatlich kontrolliertes Schulsystem, unser staatlich kontrolliertes Fernsehen und Radio sowie durch die Presse vermittelt werden. Offenbar resultiert die zunehmende Opposition von Jugendlichen nicht aus der aufhetzerischen Propaganda totalitär gesinnter «Wühler», sondern aus der zunehmenden Einsicht in weitere Zusammenhänge.

Besonders deutlich zeigen dies die Korrelationen, die sich im Zusammenhang mit der Forderung nach erhöhter Jugendsolidarität, das heißt zugleich politischer Aktivität, ergaben. Diese wird um so stärker betont,
- je älter ein Jugendlicher ist;
- je besser seine berufliche Position (Verdienstmöglichkeiten, Berufsausbildung) ist;

- je länger und besser seine Schulbildung ist;
- je differenzierter er sich über gesellschaftliche Probleme aussprechen kann.

Jugendsolidarität und die Bereitschaft zur Anwendung außerparlamentarischer Mittel sind offenbar Ausdruck eines größeren politischen Selbstbewußtseins, dessen notwendige, jedoch nicht hinreichende Grundlagen bessere Fachkenntnis und eine überdurchschnittliche Schulbildung darstellen.

Die konkreten Auswirkungen dieser Sachverhalte kommen im zweiten Teil ausführlich zur Sprache. Jetzt schon kann aber gesagt werden: Wer wirklich wünscht, daß die Jungen an Wirtschaft, Politik, Kultur, am öffentlichen Leben teilnehmen und sich gesellschaftlich integrieren, wird eine aktualitätsbezogene Bildung fördern müssen. Integrationswilligkeit – so zeigt die Studie – hat nichts mit dem Alter zu tun. Wer aber junge Menschen ausbildet und ihre Denkfähigkeit fördert, reduziert in der aktuellen gesellschaftspolitischen Situation ihre Bereitschaft, die bestehende Ordnung als berechtigt hinzunehmen. Dies liegt zweifellos nicht daran, daß Wissen an sich destruktiv wäre.

Wir haben festgestellt, daß die rebellierende, aktive Bunkerjugend *Symptome der Stärke* aufweist, die Mehrzahl der Besucher ihre Spannungen jedoch unstrukturiert durch passives Verweilen im Bunker bei lauter Musik zum Ausdruck bringt (Symptom der Schwäche). Was für «Spannungen» der einen *und* der andern Form jugendlichen Protestes zugrunde liegen und worin sich die beiden Formen von Spannungen unterscheiden, wird später dargelegt. Vorgängig einige Resultate, die sich auf die Jugendkultur im engeren Sinne beziehen.

e) Der Bunker als Ort des Rückzugs

Die beschriebene Form von Jugendkultur wird oft als «Rückzug aus der Gesellschaft» oder als «parasitäre Absetzung» bezeichnet; nicht ganz zu Recht, da diese Begriffe einen Vorgang nahelegen, der in dieser Art kaum stattfindet. Sowohl Rückzug wie Absetzung beinhalten unausgesprochenermaßen eine Bewegung, eine Veränderung der Position vom Drinnen-Sein zum Draußen-Sein. Sie treffen den Sachverhalt schon deshalb nicht, weil *alle* Jugendlichen in unserer Gesellschaft außerhalb stehen. Sie besitzen noch keine Entscheidungsbefugnisse im öffentlichen Leben; sie sind mit Ausnahme der Religionsausübung ihren Eltern in gleicher Weise unterstellt wie zehnjährige Kinder; sie arbeiten wie Erwachsene, können aber weder im Betrieb noch in der Schule mitbestimmen und verdienen wenig oder nichts; sie verfügen kaum über akzeptierte Möglichkeiten zu sexuellen Beziehungen usw.

Ein Rückzug findet jedoch insofern statt, als viele Jugendliche heute nicht mehr Erwachsenenrollen symbolisch vorwegnehmen wollen, solange sie diese nicht real leben können. Diese vorweggenommene Erwachseneneinstellung fehlt vermutlich besonders dann, wenn die wahrgenommenen (nicht unbedingt realen) Chancen klein sind, überhaupt jemals als autonome Erwachsenenpersönlichkeit die Geschicke des eigenen Lebens selbst zu gestalten.

Einen wichtigen Hinweis bildete in der Untersuchung die Häufigkeit der Bunker-Nachtbesuche. Außerdem sind folgende Merkmale als Hinweise für Jugendkultur interpretiert worden:
- die Vorliebe für Pop-Musik; auffallende Kleidung;
- die Absicht zu gammeln, beziehungsweise die Auskunft, bereits längere Zeit gegammelt zu haben;
- der Wunsch nach Kontakt mit vielen Gleichaltrigen und Gleichgesinnten;
- eine liberale Haltung den Rauschgiften gegenüber.

Alle diese Merkmale der Jugendkultur stehen in Beziehung zum sozialen Rang der Eltern. Je höher der soziale Status der Eltern,
- desto weniger einseitig die Vorliebe für Pop-Musik;
- desto weniger auffällig die Kleidung;
- desto geringer die Absicht zu gammeln, beziehungsweise desto seltener die Auskunft, bereits gegammelt zu haben;
- desto geringer der Wunsch nach Kontakten mit Gleichaltrigen;
- desto weniger liberal die Meinung in der Drogenfrage.

In diesem weiteren Zusammenhang wird die *Bedeutung des Elternstatus für den Bunker-Nachtbesuch* sichtbar. Der Rückzug in den Bunker als Lebensraum ist die intensivste Form jugendkultureller Absetzung. Sie hat kaum mehr etwas mit Protest und Widerstand zu tun, sondern nimmt Züge verzweifelter Hilflosigkeit an. Eine Hilflosigkeit, die sich kaum durch direkte behördliche Maßnahmen überwinden läßt, sondern Voraussetzungen zur Selbsthilfe verlangt (vgl. Text O.Ruf, S. 99). Das Hauptproblem dieser Jugendlichen besteht von zuhause her darin, daß sie wenig Zuneigung und Aufmerksamkeit erfahren, was gefühlsmäßige Unsicherheit und sprachlich-intellektuelle Nachteile nach sich zieht. Diese psychischen Nachteile, die ebenso für die Eltern solcher Jugendlicher charakteristisch sind, verknüpfen sich mit einer desinteressiert-ablehnenden Haltung, die beim Jugendlichen die Folge, bei den Eltern die Voraussetzung einer im wesentlichen unbefriedigenden Lebenssituation darstellt. Beim Jugendlichen bewahrheitet sich, was die Eltern durch ihr «Vorbild» zum Ausdruck gebracht haben: die

Schwierigkeit, sich aktiv mit der Umwelt auseinanderzusetzen, das Gefühl, immer Objekt undurchsichtiger – und damit bösartiger – Manipulationen zu sein, gegen die man nichts unternehmen könne. Die Bemühungen um diese Jugendlichen sollten sich weniger darauf konzentrieren, ihnen durch gutes Zureden oder durch Arbeitstherapie einen vorgegebenen Platz zuzuweisen, als vielmehr darauf, ihnen Kontakte und Beziehungsfelder zu andern Jugendlichen zu ermöglichen, zum Beispiel im Rahmen von Jugendwohngemeinschaften, wie sie in Basel bereits offiziell gestattet sind (vgl. Zweiter Teil, S. 38).

Diese Forderung stützt sich auf die sozialpsychologische Erkenntnis, daß die Dichte und Strukturiertheit eines normativen Feldes (Bereich, in dem sich Konventionen und Bräuche herauskristallisieren) am stärksten abhängig sind von der Häufigkeit, der Dauer und der Bedeutung von Handlungen und Kontakten zwischen verschiedenen Personen und Gruppen. Unsoziales Verhalten bedeutet Normlosigkeit im Verhalten gegenüber andern, meist als Folge unbefriedigender oder abgebrochener Beziehungen. Einem wirklich abseits stehenden Jugendlichen kann man «Mitmachen» nicht einfach nahelegen oder aufzwingen, denn sein Problem besteht ja gerade darin, nicht mitmachen zu können; vielmehr muß man ihm die Chance geben, sich in ein überschaubares, für ihn im positiven Sinne bedeutungsvolles Beziehungsfeld zu integrieren, wo alle wesentlichen Regeln der «grossen Welt» im Kleinen auch gelten, jedoch nicht von suspekten Autoritäten gelehrt, sondern im täglichen Leben als sinnvoll erfahren werden.

f) Zusammenfassung der Resultate
- Jugendliche Opposition ist sehr weit verbreitet.
- Jugendliche Opposition gibt es in allen sozialen Schichten, jedoch in unterschiedlicher Form.
- Jugendliche Opposition äußert sich in der sozialen Oberschicht eher in Form der politischen Revolte als Folge intellektueller Stärke und politischen Bewußtseins.
- Jugendliche Opposition tritt in der sozialen Unterschicht häufiger in Form des passiven Rückzuges (Drogenkonsum) auf als Folge intellektueller und politischer Schwäche.
- Jugendliche Opposition ist in der sozialen Mittelschicht am wenigsten ausgeprägt. Sie trägt oft die Züge einer individuell-motivierten und vorübergehenden Kontaktsuche, kombiniert mit der Tendenz, äußerlich an der Jugendkultur teilzunehmen durch Aneignung kommerzialisierter Symbole.

Wie sind solche Resultate zu interpretieren? Genügt es festzustellen, daß der soziale Status der Eltern viele Merkmale jugendlichen Verhaltens beeinflußt? Sollte man nicht vielmehr erklären, *wie* die elterliche Position Einstellungen und Verhalten der Jugendlichen bestimmt?

4. Theoretische Interpretation

Eine Erklärung über die Funktionsweise eines Mechanismus wird im allgemeinen als richtig akzeptiert, wenn es gelingt, ein Ereignis als spezifischen Fall allgemein gültiger Gesetzmäßigkeiten zu beschreiben. Ich möchte zeigen, wie mit diesem Prinzip Jugendverhalten nicht nur psychologisch, sondern auch soziologisch erklärt werden kann.

a) Prestige als Bedingung für legitimierte Machtausübung
Vorerst drei allgemeine Beispiele:
- In Lateinamerika hat man festgestellt, daß soziale Spannungen in Form von Streiks, Bürgerkriegen, Aufständen usw. vor allem in jenen Ländern und jenen Provinzen gehäuft auftreten, wo die Schulbildung relativ stark zugenommen hat, ohne daß gleichzeitig der Zugang zur politischen und wirtschaftlichen Macht erleichtert wurde. In Lateinamerika scheint die soziale Unrast somit zuzunehmen, sobald die Position der Machthaber nicht mehr legitimiert ist.
- In Indien ist untersucht worden, in welchen Gliedstaaten die kommunistische Partei Wählerstimmen gewann. Es zeigte sich, daß die kommunistische Partei dort, wo die Schulbildung stärker zunahm als die Beschäftigungsmöglichkeiten, Erfolge erzielte, sie jedoch in jenen Gliedstaaten bedeutungslos blieb, wo die Modernisierung des Bildungssektors noch kaum eingesetzt hatte. Allgemein gilt die Annahme, daß kommunistische Wahlerfolge auf eine zunehmende soziale Unzufriedenheit hinweisen. In Indien nimmt somit die soziale Unrast zu – und das Prestige derjenigen nimmt ab, die die bestehende Ordnung mit ihren vorgegebenen Entscheidungsstrukturen repräsentieren –, sobald die aus der zunehmenden Bildung entstandenen Ansprüche nicht befriedigt werden können.
- Ähnlich ist die Situation in den industrialisierten Staaten des Westens und des Ostens, wo die Kritik an politischen Entscheidungen und Maßnahmen vorwiegend von besser geschulten, aber relativ machtlosen Gruppen vorgebracht wird.

In allen Beispielen geht es um ein Ungleichgewicht zwischen Macht und Prestige.

Mit «Macht» wird hier die Möglichkeit verstanden, Zwang auszuüben, beziehungsweise sich dem Zwang anderer zu widersetzen. «Prestige» dagegen bedeutet soziales Ansehen. So gesehen deckt sich Macht weitgehend mit physischer, militärischer, wirtschaftlicher, politischer Stärke, wogegen Prestige nicht sehr verschieden ist von dem, was man zuweilen als «geistige Macht» bezeichnet.

Das *Prestige* einer Person beruht auf der geistigen Kraft, die man ihr im ursprünglichen, magischen Sinne zuschreibt. Von jeher mußten Personen, die über andere Entscheidungen fällten (Könige, Richter, Staatsmänner) allgemein verstandene und geglaubte (wirksame) Zeichen geistiger Macht vorweisen, wollten sie ihre Entscheidungen ohne physischen Zwang befolgt sehen. Eine wesentliche Funktion des Prestiges besteht nach der obigen Begriffsbestimmung darin, daß es das Ausüben von Macht legitimiert. In der sozialen Realität verbinden sich die beiden Größen in unterschiedlichem Maße, etwa zu einer Personalunion, wie beispielsweise auf Zypern bei Präsident und Erzbischof Makarios, der seine Machtposition nach traditionellen Prestigekriterien legitimiert, oder bei Expertenkommissionen mit politischen Kompetenzen, wo Entscheidungen mit modernem Wissen legitimiert werden; oder aber wir finden die symbolische Verbindung zweier Institutionen mit unterschiedlichem Macht- und Prestigegehalt, zum Beispiel die Kaiserweihe Napoleons durch den Papst oder wissenschaftliche Ehrungen durch politische Behörden. In Extremsituationen dagegen legitimiert sich die physische Macht selbst, allein kraft ihrer Macht. Der über Zwangsmittel Verfügende erzwingt sich soziales Ansehen, *weil* er Macht ausüben kann, und *nur* weil er es kann (autoritäres Syndrom in Slums, in Konzentrationslagern und Gefängnissen, aber auch in unserer sozialen Unterschicht).

Zweifellos ist der Gedanke nicht neu, daß soziale Unrast zunimmt, wenn die herrschende Schicht an Prestige verliert. Wichtig hingegen ist in diesem Zusammenhang

die enorme Bedeutung, die die moderne Bildung als Prestigekriterium und damit als Legitimationsgrundlage für die Machtausübung erlangt hat.

Der Stadtrat der Stadt Zürich hat sich schon dadurch Prestige verschafft, daß er zu seiner Verfügung eine wissenschaftliche Untersuchung des Experiments Lindenhofbunker finanzierte. Seine zukünftigen Entscheidungen über ein neues Jugendzentrum erscheinen mit dieser Maßnahme gerechtfertigter als ohne sie, selbst wenn er die Studie weder veröffentlicht noch selber gelesen noch für seine weiteren Entscheidungen mitberücksichtigt hat.

Soziale Unzufriedenheit beruht weniger auf den großen Rangunterschieden zwischen arm und reich als vielmehr auf dem Ungleichgewicht zwischen der Macht und dem Prestige verschiedener sozialer Kategorien.

Auf die Jugendproblematik übertragen heißt das: Jugendliche Opposition beruht weniger auf der Tatsache, daß die Jugendlichen im Vergleich zu den Erwachsenen weitgehend rechtlos sind, als vielmehr darauf, daß die Stellung der Erwachsenen den Jugendlichen kaum mehr legitimiert erscheint und die Jugend im Vergleich zu den Erwachsenen über viel mehr Prestige als Macht verfügt.

b) Jugendliches Verhalten als Folge von Macht- und Prestigepositionen
Aus diesen hier vereinfacht dargestellten soziologischen Gesetzen lassen sich die bereits dargestellten Zusammenhänge erklären. Wir fragen nicht mehr, ob Jugendliche sich passiv verhalten, weil auch ihre Eltern rechtlos und apathisch sind (sozialpsychologische Betrachtung), sondern wir fragen, ob es stimmt, daß Jugendliche mit viel Prestige und wenig Macht politisch eher rebellieren als Jugendliche, deren soziale Position durch wenig Macht und wenig Prestige gekennzeichnet ist.
Zum weltweit gültigen Prestigekriterium Schulbildung treten bei Jugendlichen zwei Merkmale, welche in den Augen der Erwachsenen entscheidende Voraussetzungen zur Erlangung von Erwachsenenrechten bilden: *das Alter* und die *Verdienstmöglichkeiten*. Das Prestige eines Jugendlichen setzt sich somit aus den Komponenten Alter, Bildung und Verdienstmöglichkeiten zusammen.
Fehlende Macht läßt sich bei Jugendlichen am ehesten negativ umschreiben als geringe Möglichkeit, sich der umfassenden sozialen Kontrolle zu entziehen. Diese wird am stärksten von den Eltern und der Nachbarschaft ausgeübt, selbstverständlich auch von der Schule, dort hingegen über alle Jugendlichen annähernd gleich stark. Je geringer somit die elterliche und nachbarschaftliche Kontrolle (Beispiel: eigene Wohnung in einer fremden Großstadt), desto größer der Entscheidungsspielraum des Jugendlichen, desto geringer seine Machtlosigkeit.
In der soziologischen Untersuchung wurde jedem befragten Jugendlichen ein Wert für seine Prestigeposition und ein Wert für seine Machtposition zugeordnet. Aus der *Summe* beider Positionen ergab sich sein Rang. Der *Unterschied* zwischen den beiden Positionen ist definiert als seine Ungleichgewichtsspannung. Dabei zeigte sich:
Je größer das Prestige eines Jugendlichen im Vergleich zu seiner Macht, um so strukturierter ist sein politisches Bewußtsein, um so mehr lehnt er unsere Gesellschaftsordnung ab.

Je geringer das Prestige eines Jugendlichen im Vergleich zur Macht, um so weniger strukturiert ist sein politisches Bewußtsein, und um so mehr gehört er zu den häufigen Bunker-Nachtbesuchern.

Bezüglich des Alters zeigte sich mit größerer Deutlichkeit als erwartet, daß die jugendliche Opposition gegen unsere Gesellschaft mit zunehmendem Alter ganz allgemein stark ansteigt. Sie nimmt die Form passiver Ablehnung an, wenn Bildung und Fortkommensmöglichkeiten sehr beschränkt sind; bei überdurchschnittlichen Kenntnissen im Arbeits- und Bildungsbereich erscheint sie dagegen in Form aktiver Ablehnung.

Diese Resultate scheinen besonders interessant, weil sie zum voraus postuliert werden konnten. Sie konnten postuliert werden, weil sie Erfahrungen ausdrücken, die heute auf der ganzen Welt, auch in unterentwickelten Ländern, zu machen sind.

Zweiter Teil
Politische Schlußfolgerungen

1. Welches sind die Grundsatzentscheide in unserer Politik?

Das Jugendproblem ist insofern ein gesellschaftliches Problem, als das Verhalten des Jugendlichen beeinflußt wird von seiner *Stellung* in der sozialen Struktur und den *Merkmalen* dieser Struktur. Konkret ist damit auf die Bedeutung der sozialen Klassen, der unterschiedlichen Bildungschancen, der Verstädterung, der Massenmedien hingewiesen, aber auch auf die Folgen, die der *Wandel* innerhalb der sozialen Struktur für die Jugend hat.

a) Das Vergangene wirkt nach
Die Entwicklung im Verlaufe der letzten hundert Jahre war in der Schweiz wie anderswo in starkem Maße von Kriegs- und Wirtschaftszwängen geprägt. Solange fremde Mächte das Land bedrohten, die Gefahr der Arbeitslosigkeit aktuell war und die materiellen Grundbedürfnisse des Menschen (insbesondere auf dem Gebiet der Ernährung) bei einem großen Teil der Bevölkerung nicht zufriedenstellend verwirklicht waren, so lange bestand wenigstens grundsätzlich Einigkeit über die entscheidenden gesellschaftspolitischen Ziele. Sie lauteten: innere und äußere Sicherheit, Vollbeschäftigung und Erhöhung des Realein-

kommens in allen Volksschichten. Diese von der internationalen Lage (Krise, Krieg, Sowjetfurcht) diktierten Prioritäten führten insofern zum Erfolg, als die Hebung des Nationaleinkommens auf ein international beachtliches Niveau tatsächlich gelang, wenn auch nur mit Hilfe ausländischer Arbeitskräfte und unter Verschärfung der sozialen Unterschiede.

Ich betone diese Zusammenhänge, weil viele Aspekte des heutigen Jugendproblems ohne sie kaum sichtbar und verständlich sind. Politische Auseinandersetzungen beruhen normalerweise auf divergierenden Ansichten über die anzustrebenden gesellschaftlichen Ziele wie auch über die zu verwendenden Mittel. Es scheint nun, daß in der Schweiz kaum mehr Zielvorstellungen diskutiert werden und über die Mittel ebenfalls mehr oder weniger Einmütigkeit herrscht, wenigstens unter den vielen Erwachsenen, die sich in ihrem persönlichen Streben weitgehend mit der wirtschaftlichen Wachstumspolitik auf nationaler Ebene identifizieren. So gut dies ihr Recht ist, so gut ist es das Recht anderer, weder mit den Zielen noch mit den Mitteln dieser konservativ zu nennenden Kräfte einverstanden zu sein. Es geht hier in keiner Weise darum, zu beurteilen, ob diejenigen «im Recht» sind, welche die wichtigsten Anliegen der letzten vierzig Jahre weiter zu vertreten gedenken, sondern es geht um die Feststellung der Tatsache,

- daß die genannten Ziele aus einer bestimmten historischen Situation heraus zu verstehen sind;
- daß die genannten Ziele in gewissem Ausmaß erreicht worden sind;
- daß sich die nationale Situation der Schweiz im heutigen Europa stark verändert hat;
- daß in dieser neuen historischen Situation neue Probleme und neue Ziele an Bedeutung gewinnen;
- daß die Unzufriedenheit über die Widerstände, neue Ziele situationsgerecht zu diskutieren, bei der Jugend am größten ist;
- daß sich diese Unzufriedenheit bei den sozial Benachteiligten in der Unlust bemerkbar macht, sich in irgendeiner Weise zu engagieren;
- daß sich diese Unzufriedenheit bei den sozial Bevorzugten in Einstellungen und Aktionen äußert, die als radikal empfunden werden.

Die zunehmende Unrast Jugendlicher wird als Jugendproblem bezeichnet. Ähnlich sprach man vor hundert Jahren vom Arbeiterproblem, als Arbeiter eine Quelle sozialer Unrast bildeten, sprach man vom Sklavenproblem, als Sklaven gegen die bestehende Ordnung rebellierten. Richtiger wäre es, in diesen und ähnlichen Fällen von Gesellschaftsproblemen zu sprechen, die sich jeweils dort am stärksten äußern, wo die Ordnung am wenigsten in Ordnung ist. Zweifellos handelten jene Arbeiter im 19. Jahrhundert nicht sehr vernünftig, die Maschinen zum Fenster hinauswarfen und die Fabriken zerstörten; ebenso zwecklos ist es, wenn junge Leute ein Rektorat stürmen und die Akten verbrennen, wenn Soldaten in Vietnam (ebenfalls Jugendliche) sich Heroinspritzen verabreichen. Daß solches in größerem Umfang geschieht – deutet das nicht auf Extremsituationen hin? Liegt die nächstliegende Lösung nicht darin, jene Situationen zu verändern, die das Risiko zu solchem Verhalten in sich tragen?

b) Wirtschaftspolitik kontra Gesellschaftspolitik
Das Problem besteht oft darin, daß die Ursachen nicht direkt mit den Symptomen in Beziehung gebracht werden können. So fällt es den Erwachsenen, welche die Wirtschaftskrise und die Schwierigkeiten während des Zweiten Weltkriegs bewältigen mußten, schwer, zu verstehen, was die Jugendlichen eigentlich wollen, da sie doch «alles» haben: Arbeit, bessere Löhne, mehr Vergnügungsmöglichkeiten usw. Sie begreifen nicht, daß mit zunehmender materieller Sicherheit die Bedeutung dieser Sicherheit abnimmt, *daß die Frage nach dem Sinn und der Verwendung der Güter erst aktuell wird, wenn die Güterbeschaffung mehr oder weniger geregelt ist.* Gerade in den Anstrengungen der älteren Generation, die Produktion zu garantieren, liegt die Einseitigkeit, deren sie heute bezichtigt wird. Sie hat mit ihrem Erfolg Sinnprobleme geschaffen, denen sie nicht mehr gewachsen ist. Hier wird der Stellenwert der politischen Auseinandersetzung sichtbar. Wie einmal formulierte Ziele (Vollbeschäftigung, Einkommensnivellierung, Volksbildung, Umweltschutz etc.) optimal erreicht werden, ist weitgehend ein technisches Problem, das sich mit den Methoden der Natur- und Sozialwissenschaften lösen läßt. Welche Ziele jedoch überhaupt anzustreben sind und welche Prioritäten ihnen im gesellschaftlichen Leben zukommen, das beruht dagegen auf Interessen und ideellen Voraussetzungen, die kein Computer und kein Technokrat a priori festlegen kann. Je größer die Überschußproduktion einer Wirtschaft, desto weiter wird der Spielraum für Entscheidungen, desto gewichtiger die Verpflichtung zur bewußten Auseinandersetzung mit dem Problem der Verteilung. Fatalerweise scheint aber bei denjenigen, die den Produktionsapparat (Wirtschaft) und den Entscheidungsapparat (Politik) beherrschen, die Tendenz zu bestehen, die Produktionssteigerung *an sich* zum zentralen Wert zu erheben und die Frage nach der Begründung dieser Tendenz auszuklammern. Dies ist insofern verständlich, als sie damit nur ihre Interessen ins Zentrum stellen und mit den ihnen zur Verfügung stehenden Beeinflussungs- und Machtmitteln durchzuset-

zen versuchen. Hingegen engen sie mit ihrer Politik die Breite menschlicher Existenz in gefährlichem Maße ein und verwirken sich so die Chance, von einer materiell sichergestellten Jugend als Autorität akzeptiert zu werden. Kulturpsychologisch fördert das exzessive Ordnungs- und Produktionsstreben in der heutigen Gesellschaft ebenso sicher anarchistische Tendenzen wie die frühneuzeitlichen Hexenverfolgungen und Satanskulte nur im Zusammenhang mit dem Aufbegehren gegen fanatische Askese und Lebensfeindlichkeit zu verstehen sind. Den Jugendlichen geht es heute zunehmend darum, sich selbst zu verwirklichen; sie glauben jedoch nicht an die Möglichkeit, dieses Ziel durch einen stets umfangreicheren Konsum industrieller Güter zu erreichen.

2. Politische Postulate zur Lösung des Jugendproblems

Ich gehe davon aus, daß die mit der Jugendfrage untrennbar verknüpften Probleme gelöst werden *müssen*, will unsere Gesellschaft ohne linken Terror und Faschismus weiterleben. Gewisse Aspekte unserer gesellschaftlichen Ordnung, die im ersten Teil dargestellt worden sind, fördern die Jugendopposition in Form passiver Abschirmung, in Form rebellischer Auseinandersetzung. Ohne bewußte, planende Entscheidungen gibt es keine Kraft, die selbständig und rechtzeitig korrigieren würde, was durch einseitige wirtschaftspolitische Gesichtspunkte im Verlaufe der vergangenen Jahrzehnte ins Ungleichgewicht gebracht worden ist. Dafür sind die Interessen zur Erhaltung von Zuständen, die wir als Voraussetzung jugendlicher Opposition kennengelernt haben, zu groß. Die folgenden Postulate versuchen, den bestehenden Konventionen und Rechtsverhältnissen eine rational begründbare Alternative entgegenzuhalten. Der Übersichtlichkeit halber sind die einzelnen Punkte nacheinander und isoliert dargestellt; auf ihre Wechselbezüge wird nicht näher eingetreten. Es sind *Diskussionsgrundlagen*, die hier nur kurz skizziert werden können. Sie zeigen jedoch deutlich, wie weitreichend und einschneidend die Konsequenzen einer planenden Jugendpolitik tatsächlich sind.

a) Reduktion der Klassengegensätze
Nach der soziologischen Studie verhalten sich die Jugendlichen je nach Einkommen, Schulbildung und Wohnlage der Eltern verschieden. Die Tendenz, am wirtschaftlichen, politischen und kulturellen Leben der Gesellschaft aktiv (progressiv oder konservativ) teilzunehmen, ist bei

Jugendlichen von Eltern mit höherem sozialem Status größer als bei Jugendlichen von Eltern mit tieferem sozialem Status.
Daraus lassen sich folgende Forderungen ableiten. Zur Lösung des Jugendproblems sind Maßnahmen zu ergreifen, die den sozialen Ausgleich fördern. Dazu gehört die Nivellierung der Unterschiede zwischen arm und reich, zwischen Gebildeten und Ungebildeten, zwischen Stadt und Land. Alle diese Unterschiede sind in der Schweiz heute größer als vor hundert Jahren. Gemeint ist eine Nivellierung nach oben, ein schnelleres Wachstum in den sozial tieferen (ländlichen) als in den sozial höheren (städtischen) Bereichen. Dies setzt das Bewußtsein voraus, daß die Schweiz nicht dank ihrer einmaligen Vergangenheit und ihrem gegenwärtigen Reichtum, sondern einzig kraft ihrer Fähigkeit, *allen* Bewohnern optimale Chancen zur Selbstverwirklichung zu geben, Anspruch auf Anerkennung bei der Jugend verdient.
Dieser Punkt ist aus zweierlei Gründen von Bedeutung: Erstens stellt ein Ausgleich von sozialen Gegensätzen auf hohem Einkommens- und Entscheidungsniveau nicht nur ein Mittel zur Reduktion milieubedingter Diskriminierungen gewisser Teile der Jugend dar; dies wäre vielmehr die Realisierung der Demokratie und gleichzeitig die Voraussetzung zu deren Erhaltung. Erkennbar wird hier die Tendenz jeder Ordnung, sich selbst zu garantieren. Das Problem besteht somit darin, daß erst die gesellschaftliche Situation, die ich als *Fernziel* der Demokratisierung beschreibe, die günstigste Voraussetzung zur Lösung des Jugendproblems ist.
Zweitens erhebt sich die Frage, wie die Änderung in Richtung des sozialen Ausgleichs überhaupt eintreten kann. In den bisher bekannten Demokratien und Republiken gehen Schulprogramme, Gesetzesänderungen, Verfassungsrevisionen etc. nicht von der großen Zahl der Arbeiter und mittleren Angestellten aus, sondern von Personen, die bereits über Ansehen und Einfluß verfügen. Vielleicht wäre die Förderung eines verstärkten, den modernen Verhältnissen angepaßten *Klassenbewußtseins* ein wichtiger Beitrag oppositioneller Gewerkschaften, die realen Interessen des lohnabhängigen Volkes wieder deutlicher sichtbar werden zu lassen. In der Schweiz muß die Funktion sozialer Konflikte wieder in ein richtiges Licht gerückt werden. Wohl glaube ich nicht an den Vorteil einer Revolution im Sinne eines einmaligen historischen Ereignisses, dafür aber an die Bedeutung stets neuer revolutionärer Aktionen. Der Jugend fiele es dann leichter als heute, gegensätzliche Interessen und Haltungen als solche zu erkennen und sie mit ihren eigenen Erfahrungen in Zusammenhang zu bringen.
Diese Überlegungen mögen ziemlich langfristig anmuten und scheinen

nur indirekt mit dem aktuellen Jugendproblem zusammenzuhängen; sie sind jedoch grundsätzlicher Natur und stehen zweifellos hinter vielem, was man heute als politische Entfremdung der Jugend kritisiert und beklagt.

b) Reduktion von Autoritarismus und Autoritätskonflikten
Nach der soziologischen Studie hängt das Verhalten der Jugendlichen auch von den Familienverhältnissen ab. Problematische Familienverhältnisse fördern Autoritätskonflikte. Je höher der soziale Status der Eltern, desto stärker äußert sich der Autoritätskonflikt mit ihnen in Form der projektiven Revolte (Kampf gegen gesellschaftliche Repräsentanten der väterlichen Autorität); je tiefer der soziale Status der Eltern, desto anfälliger sind die Jugendlichen für das faschistische Gedankengut der Ruhe-und-Ordnung-Ideologie.

Das Problem jedes Kindes besteht im krassen Rangunterschied zu seinen Eltern. Im Vergleich zu ihnen ist es machtlos; es erlebt sie als geistig und körperlich überlegen und hängt in seiner ganzen Existenz von ihrem Wohlwollen ab. Weil sich die Interessen der Eltern und Kinder häufig widersprechen, birgt die natürlich gegebene Bindung Möglichkeiten zu mancherlei Konflikten in sich: Das Kind möchte sich bewegen, der Vater wünscht Ruhe; es möchte mit Kameraden spielen, die Mutter nimmt es zum Einkaufen in die Stadt; es möchte das TV-Programm anschauen, die Eltern schicken es ins Bett usf. Die Psychologie hat vielfach nachgewiesen, daß das Verhalten der Eltern den Charakter des Kindes entscheidend beeinflußt. Der Soziologe stellt fest, daß die Reaktionen der Eltern in den verschiedenen sozialen Klassen charakteristisch voneinander abweichen. Beispielsweise treten in tieferen sozialen Schichten Körperstrafen häufiger auf als in sozial höheren Schichten; leistet das Kind bei den täglichen Auseinandersetzungen hartnäckigen Widerstand, reagieren Eltern aus der Mittelschicht vermehrt mit Liebesentzug.

Diese Unterschiede sind von großer Bedeutung, weil die charakteristischen Erziehungsmuster der Eltern ebenso charakteristische Reaktions- und Verhaltenstypen bei den Jugendlichen schaffen, was für die Integration in die Gesellschaft und die aktive Auseinandersetzung mit dieser Gesellschaft sehr verschiedene Folgen hat. Ebenso bildet das im Umgang mit den Eltern erlernte Verhalten die Grundlage für die Art und Weise, wie der Jugendliche auf die Forderungen verschiedenster Autoritäten reagiert; er begegnet ihnen grundsätzlich so, wie es sich während seiner zwanzigjährigen Lehrzeit im Elternhaus und in der Schule als vorteilhaft erwies. Gemeint ist diejenige Reaktion, die in einer gegebenen

Situation die geringste psychische Belastung mit sich bringt. Je unausweichlicher und strenger die Eltern ihre Forderungen stellen, desto eher erwartet der Jugendliche ein entsprechendes Verhalten auch von Lehrern, Vorgesetzten, der Polizei usw., um so wahrscheinlicher läßt er später ein ähnliches Verhalten erkennen. Je weniger apodiktisch und je einleuchtender die Forderungen der Eltern sind, desto selbstverständlicher akzeptiert der Jugendliche später Gebote, deren Sinn er einsieht, oder setzt sich mit jenen Ansprüchen auseinander, die ihm unangebracht erscheinen.

Daraus lassen sich folgende Forderungen ableiten: Einerseits ist alles zu unterstützen, was der Qualität der Erziehung in Schule und Elternhaus dienlich ist. Anderseits sind vermehrt Ausweichmöglichkeiten zu schaffen, damit Kinder und Jugendliche schon sehr früh bei Konflikten ihre Interessen angemessen vertreten oder sich aber einer Zwangssituation entziehen können.

Mit Kursen über Kindererziehung und mit Freizeitanlagen allein ist wenig gewonnen. Die fragwürdige pädagogische Kompetenz vieler Eltern und Lehrer beruht nicht nur auf ihrer persönlichen Unzulänglichkeit als Erzieher, sondern rührt mindestens so sehr von ihrer Arbeits- und Lebenssituation her. Oft werden die Lehrer gegen ihr besseres Wissen zu bestimmten Unterrichtsformen gezwungen, etwa zu exakten Noten mit entsprechend aufgebauten Prüfungen oder zur scharfen Abgrenzung ihres Faches gegenüber andern Fächern durch Stundenplan, Arbeitsvertrag und Schulvorschriften. Die starre Arbeitszeit gestattet es vielen Vätern nicht, sich vermehrt mit den Kindern abzugeben; die Mütter werden ihres Alltages oft überdrüssig, weil sie selten voll beansprucht werden, aber doch dauernd anwesend sein müssen.

Eine konsequente Jugendpolitik kommt nicht um die Veränderung von strukturellen Verhältnissen herum. Kinder und Jugendliche sollten neben den eigenen Eltern auch andere Erwachsene ähnlich gut kennen (Wahlverwandte). Untersuchungen in den USA haben den Zusammenhang zwischen psychischen Störungen aus Autoritätskonflikten und der Anzahl Erwachsenen in der Familie aufgezeigt: die *Häufigkeit und Stärke solcher Konflikte nimmt bei zunehmender Erwachsenenzahl in der Familie ab*. Interessanterweise besteht kein solcher Zusammenhang mit der Anzahl Kinder in der Familie, wohl darum, weil die Rolle eines Kindes (zum Beispiel des Ältesten, des Jüngsten, der einzigen Schwester etc.) innerhalb einer festgefügten Familie über viele Jahre, oft für das ganze Leben, konstant bleibt. In dem Maße, wie sich die Haushalte heute verkleinern und immer mehr Kleinfamilien in Vororten ohne Charakter sozial isoliert werden, nimmt die Wahrscheinlichkeit von

Autoritätskonflikten zu. Von da her drängt sich die Schaffung von Ersatzgebilden für die früheren Sippenverbände auf, wobei diese neuen Formen den modernen, urbanen Gegebenheiten entsprechen müssen und nicht mehr auf dem Prinzip der Verwandtschaft aufgebaut sein können.

Drei konkrete Maßnahmen scheinen besonders vordringlich. Sie betreffen die Architektur, die Haushaltung und die Vorschulerziehung.

1. Architektur. Sowohl die Probleme der Eltern, insbesondere der Mütter, als auch die Reaktionsmöglichkeiten der Kinder auf das elterliche Verhalten werden in hohem Maße von den *architektonischen Gegebenheiten* mitbestimmt. An allen Orten entstehen gegenwärtig «moderne» Vororte, im Grunde bloße Schlafgelegenheiten im Grünen, wo die Frauen mit ihren Kindern den Tag verbringen müssen. Als «Kulturzentren» stehen ihnen ein Kaffeehaus und die Sitzbank beim Sandkasten zur Verfügung. Auf die Nachteile solcher profitorientierter Bauexzesse braucht hier nicht weiter eingegangen zu werden. Zu hoffen bleibt, daß Behörden und Parteien die gefährlichen Auswirkungen einer solchen Entwicklung erkennen und mit sozialpolitisch vertretbaren Alternativlösungen vor die Öffentlichkeit treten. Es stellt sich heute aber die Frage, ob der Zeitpunkt nicht bereits verpaßt ist, zu dem die notwendigen Veränderungen noch ohne größere soziale Unruhen durchführbar wären. Aller Wahrscheinlichkeit nach wird der Anteil delinquenter und psychisch kranker Jugendlicher aus diesen heute gebauten Vororten größer sein als anderswo, nicht weil die Schule und die Eltern dort schlechter wären, sondern aufgrund der reduzierten Entfaltungsmöglichkeiten in einem einseitig abgezirkelten, auf Hygiene und Linienführung ausgerichteten Lebensraum.

In diesem Zusammenhang wird die Bedeutung einer umfassenden Siedlungsplanung deutlich. Es ist Raum zu schaffen für schöpferisches Handeln. Die starr konzipierte Architektur mit vorgegebenen räumlichen Funktionen muß aufgegeben werden zugunsten flexibler Wohnformen; diese Maßnahme wie auch eine stärkere soziale Durchmischung und ein erneutes Ineinandergreifen von Wohn- und Arbeitsräumen sind seit einiger Zeit als Mittel erkannt worden, die Beziehungslosigkeit zum Wohn- und Arbeitsort zu überwinden.

2. Haushaltung. Moderne *Wohngemeinschaften* auf privater Grundlage müssen finanziell und rechtlich gefördert werden. Diese Wohngemeinschaften zeichnen sich aus durch eine Reduktion der Privatsphäre auf ein Wohnschlafzimmer mit Toiletten- und Waschgelegenheiten. Statt in einem Mehrfamilienhaus auf einer Etage drei oder vier Wohnungen zu bauen – jede mit eigener «Stube», eigenem «Schlafzimmer», eigenem

«Kinderzimmer» –, erstellt der Vermieter einzig eine große Küche für zehn bis fünfzehn Personen sowie sanitäre Anlagen. Wenn sich Familien oder Einzelpersonen auf einer großen, offenen Fläche einrichten, werden sie wahrscheinlich neben der gemeinsamen Wohnküche auch verschiedene andere Räume, etwa Arbeitsräume, einen Lese-, einen TV- und Unterhaltungsraum, Werkräume, Spielzimmer für die Kinder etc., schaffen, und zwar in gemeinsamer Regie für gemeinsamen Gebrauch. So können sich die Frauen in ihren Mütterfunktionen gegenseitig unterstützen und daneben – entsprechend ihren Neigungen – andern Beschäftigungen, eventuell einer Berufsarbeit, nachgehen.

Auch das Kind erlebt im täglichen Umgang mit andern Erwachsenen verschiedene Verhaltensmuster und findet so im gegebenen Rahmen die notwendigen Ausweichmöglichkeiten.

Von Bedeutung ist in diesem Zusammenhang das *Gespräch*. Die Dialoge vieler Ehepaare nehmen bald erschreckend stereotype Formen an, so daß sich die Fähigkeit des Kindes, Meinungen abzuwägen, gegensätzliche Standpunkte zu erkennen und eine persönliche Haltung einzunehmen, nie richtig entfalten kann. Diese Situation stellt sich kaum ein, wo mehrere Erwachsene zusammenleben.

3. Vorschulerziehung. Eine kurzfristig realisierbare Maßnahme, welche die Isolierung des Kleinkindes und seine zwanghafte Fixierung an zwei Elternpersonen zumindest abschwächt, ist die Förderung einer problemgerechten *Vorschulerziehung ab 3 Jahren*. Ich verstehe darunter Kindergärten, in denen neben einer ausgebildeten Fachkraft auch Mütter und Väter in ihrer Freizeit mitarbeiten, wo das Kind in seinen Empfindungen, seiner Intuition, seinem Fühlen und Denken umfassend aktiviert wird.

Die Erfahrungen mit bereits bestehenden privaten Kindergärten für Drei- bis Siebenjährige sind positiv. Um zu verhindern, daß die ohnehin benachteiligten Kinder aus der sozialen Unterschicht von den Vorteilen dieser teilweise kostspieligen Angebote ausgeschlossen bleiben, sind eine offene Haltung der Schulbehörden und eine hohe Lernbereitschaft der bestehenden Bildungsinstitutionen dringliches Gebot.

Beide vorgeschlagenen Maßnahmen, Wohngemeinschaften und Vorschulerziehung, reduzieren Autoritätskonflikte bei Jugendlichen aus ungünstigen Familienverhältnissen entscheidend.

c) Förderung selbständigen Denkens als Voraussetzung für den demokratischen Staat.

Nach der soziologischen Studie bestehen folgende Zusammenhänge: Je mehr sich ein Kind in der Schule überfordert oder isoliert fühlt, um so mehr fühlt es sich als erwachsener Mensch im ganzen Leben überfordert, um so weniger wird es sich über öffentliche Angelegenheiten informieren, und um so weniger liegt ihm an der Ausübung des Stimm- und Wahlrechtes sowie an einer Herabsetzung des Stimm- und Wahlalters. Positiv formuliert ließe sich auch sagen: Je mehr Erfolgserlebnisse die Schule dem einzelnen zu vermitteln vermag, desto stärker fühlt er sich, und desto lebensfähiger sind demokratische Institutionen.

Dies ist ein heikles Problem. *Haben die politisch Aktivsten – und dazu gehören insbesondere die Politiker und Meinungsbildner – tatsächlich ein Interesse daran, daß möglichst viele an den großen und kleinen Entscheidungsprozessen selbständig teilnehmen?* Gefragt wird hier nicht nach ihren politischen Bekenntnissen, die alle demokratisch lauten, sondern nach ihren realen Interessen. Ein Beispiel mag verdeutlichen, was ich meine: Man könnte sich vorstellen, daß aufgrund gewisser Vorschriften nur etwa 10 Prozent der Bevölkerung stimm- und wahlberechtigt wären, etwa nur Leute mit einem Jahreseinkommen von über Fr. 50000.– oder Personen mit einer eidgenössischen Matura. Dies wäre undemokratisch. Politische Auseinandersetzungen würden nur noch ausgefochten, um gegensätzliche Interessen innerhalb dieser Elite durchzusetzen. Die Macht dieser zehn Prozent würde bereits stark beschnitten, wenn zur Erlangung des Stimmrechtes auch ein Jahreseinkommen von Fr. 20000.– oder eine abgeschlossene Berufslehre genügte. Die Machtreduktion ginge noch weiter, bestünden keinerlei Einschränkungen. Damit komme ich auf meine erste Frage zurück. Es hat sich gezeigt, daß die Ungebildeten politisch wenig interessiert sind, vermutlich aus dem Gefühl heraus, keine ausreichende Entscheidungsgrundlage zu besitzen («Ich bin halt nicht studiert»). Man kann sich nun fragen, ob etwa die politisch Aktivsten, vor allem die Machtträger, an der Beibehaltung des bestehenden Schulsystems interessiert sein könnten, weil sie wissen, daß ein Teil der Schüler unsicher und abhängig daraus hervorgeht. Liegt vielleicht hier ein Grund dafür, daß man so wenig Eifer zeigt, eine Schule zu verbessern, die offensichtlich reformbedürftig geworden ist? Werden heute psychologische Barrieren vor der Urne errichtet anstelle der früheren gesetzlichen Einschränkungen? Fördert der Staat die Bildung des Nachwuchses nur gerade soweit, wie diese zur Aufrechterhaltung und Expansion unserer Wirtschaft nötig ist?

Diese Fragen unterschieben keinem Politiker bewußte Absichten, aber sie machen sichtbar, wo möglicherweise die Widerstände gegen Reformen liegen.

Zur Lösung des Jugendproblems lassen sich folgende Forderungen ableiten:
1. Die neue Schule muß so konzipiert sein, daß die Schulzeit für jedes Kind eine Periode vielfältigster Erfolgserlebnisse wird. Zu diesem Zweck sind neue Leistungskriterien einzuführen, die nicht einseitig Fähigkeiten, wie sie etwa bei sogenannten Intelligenztests gemessen werden, zur Qualifikation eines Kindes berücksichtigen. Alternativschulen müssen geschaffen werden, die anders gelagerte Begabungen fördern. Viele jener Jugendlichen, die heute sehr früh schon als «dumm» eingestuft werden, würden sich dann nicht mehr in dem Maße aus der Gesellschaft zurückziehen. Ganz allgemein muß man vom *rezeptiven Lernsystem*, das der «Begabtenauslese» dient, zu einem *kreativen Lernsystem*, das der «Begabungsförderung» dient, übergehen. Die Schule muß ein Ort werden, wo Kinder gemäß ihrer Ansprechbarkeit gefördert werden; sie hat nicht auszusondern nach dem Prinzip «Die Guten ins Töpfchen, die Schlechten ins Kröpfchen».
2. Das teilnehmende Interesse des Kindes an seiner Umwelt kann dadurch vergrößert werden, daß es sehr früh mit den verschiedensten Aspekten des gesellschaftlichen Lebens vertraut gemacht wird. Kinder von Eltern, die grundsätzlich über alles sachlich und offen sprechen können, eignen sich eine differenziertere und abstraktere Denkweise an, die sie befähigt, bisher Unbekanntes ohne große Mühe aufzunehmen und in ihr Wissen zu integrieren. Dieser Zugang zur Realität ist aber nicht der einzig mögliche: Pädagogen haben schon lange erkannt, daß weniger das Wissen als vielmehr Erfahrung und Anschauung die Grundlagen kindlichen Erkennens bilden. Der Anwendungsbereich dieser beiden Erkenntnisformen bleibt jedoch in einer Umwelt eingeschränkt, die von einer geringen Anzahl normierter Industrieprodukte und den Gewohnheiten bloß zweier Erwachsener geprägt ist, es sei denn, man strebe bewußt Ergänzungen an. Daher ist zu überlegen, ob auf der Kindergarten- und Primarschulstufe nicht der Besuch verschiedener Werkstätten, Fabriken, Bauernhöfe, Wohnungen, Schulhäuser, Bahnhöfe usw. mit anschließendem Gespräch und der Möglichkeit zur Darstellung des Erlebten in Sprache, Ton, Material, Bild und Bewegung den Erfahrungsbereich aller Kinder entscheidend erweitern würde. Damit ließe sich eine alte pädagogische Forderung realisieren: «Kein Eindruck ohne Ausdruck», ein Postulat, das bereits die Richtlinien des britischen Erziehungsministeriums von 1938 festhält: «Daher empfiehlt das Erziehungsministerium den Lehrern, für ein vernünftiges Gleichgewicht zwischen der Erwerbung von Wissen und Fähigkeiten und ihrer Verwendung zum Ausdruck von Ideen zu sorgen.»

Analog müßten Wege gefunden werden, um allen Zwölf- bis Achtzehnjährigen, Schülern und Lehrlingen, die wichtigsten Berufe aus eigener Erfahrung nahezubringen. Ich denke hier an Arbeit in verschiedenen Betrieben der Landwirtschaft, der Industrie und des Dienstleistungssektors, die je nach Alter von zwei Stunden pro Woche für Zwölfjährige bis auf acht Stunden pro Woche für die Achtzehnjährigen gesteigert würde. Bei einem Wechsel des Arbeitsplatzes alle 3 Monate hätte so jeder Jugendliche nach vollendetem 18. Lebensjahr an rund 25 verschiedenen Orten Erfahrungen gesammelt. Für seine Arbeit würde er entschädigt; das Geld könnte ebenfalls für Betriebsbesichtigungen, Exkursionen und Auslandreisen verwendet werden.

3. Besondere Aufmerksamkeit verdient das Lehrlingsproblem, da Lehrlinge weniger als Mittelschüler und Studenten die Möglichkeit haben, sich für ihre Belange selber einzusetzen. Ihre Benachteiligungen sind jedoch so vielfältig, daß sie hier nicht genauer analysiert werden können. Weiter unten (Anhang IV, S. 120) ist ein Dokument wiedergegeben, das auf die Bemühungen und Zielsetzungen zur Verbesserung der Lehrlingssituation hinweist.

d) Legitimierung der Machtpositionen

Nach der soziologischen Studie spielen nicht nur soziale Unterschiede eine Rolle, sondern vor allem auch das Ungleichgewicht von Macht und Prestige zwischen verschiedenen sozialen Kategorien. Diese Diskrepanz erscheint als wichtige Erklärung für die *Form* jugendlicher Opposition: Wenn Macht *und* Prestige tief liegen, so fehlt die Legitimation für weitergehende Forderungen, und die Absetzung erfolgt durch Betonung autoritärer Prestigekriterien, wie beispielsweise der physischen Kraft bei den Rockers. Liegt das Prestige *über* der weiterhin geringen Macht, so resultiert aus diesem Ungleichgewicht bei starken Autoritätskonflikten die politische Rebellion beziehungsweise bei weniger schweren Autoritätskonflikten die Betonung geistiger Macht (Gefühl, Spontaneität, Kreativität bei den Hippies; ekstatische Religionserfahrung in jungen Sekten, etwa der Rama-Krishna-Sekte).

In diesen Zusammenhang ordnet sich ein weiteres Ergebnis aus andern soziologischen Untersuchungen ein: Machtträger verfügen normalerweise über mehr Macht als Prestige. Sie fühlen sich daher dauernd in Frage gestellt und reagieren vielfach sehr schnell mit dem Hinweis auf ihre Entscheidungsbefugnisse oder dem Einsatz ihrer Macht. Dies geschieht vor allem in Ermangelung anderer Rechtfertigungsmöglichkeiten, aber auch um Rollenerwartungen von Untergebenen zu erfüllen. Grundsätzlich erscheint jeder Erwachsene Kindern und Jugendlichen

gegenüber als Machtträger, doch gilt der beschriebene Mechanismus besonders für Personen und Körperschaften, die als gesellschaftliche Autoritäten mit überpersönlicher Macht – kraft eines Amtes – ausgestattet sind.
Angesichts dieser Sachlage lassen sich Lösungsvorschläge auf einen gemeinsamen und einfachen Nenner bringen:
Den Jugendlichen mehr Macht, den Erwachsenen (insbesondere den Behörden) mehr Prestige.
Konkret bedeutet dies: Man lasse die Jugendlichen mithören, mitreden und wo immer möglich mitbestimmen; anderseits fördere man bei den Erwachsenen die Lernbereitschaft und eine lernfreundliche Haltung. Dazu scheinen mir die folgenden Maßnahmen geeignet:

Erstens: Mitsprache und Mitbestimmung für Kinder und Jugendliche in allen Lebensbereichen
Kinder und Jugendliche brauchen einen weiteren Entscheidungsspielraum als bisher. Das heißt, man muß ihnen mehr Macht zugestehen, doch soll dies bewußt und sinnvoll geschehen, nicht einfach aus einer Unsicherheit des Erziehers heraus. Die Rechte und Pflichten jedes einzelnen Jugendlichen ergeben sich heute so zufällig und unterschiedlich, daß unter der Jugend als Alterskategorie eine große *Statusunsicherheit* entstanden ist. Diese Unsicherheit läßt sich auf zwei grundsätzlich verschiedene Arten abbauen: entweder werden die jugendlichen Rechte und Pflichten für die verschiedenen Altersstufen einheitlich geklärt (bei primitiven Gesellschaften z. B. mittels Initiationszeremonien), oder aber ein allgemeines Lern- und Entscheidungsprinzip wird für alle Lebensbereiche und Altersstufen gleichermaßen verbindlich. Nun gibt es in unsern komplexen Industriegesellschaften keinen «Ältestenrat» mehr oder eine entsprechende Institution, die über die Konstanz der Werte und die Vermittlung des für die Gruppe wichtigen Wissens wacht. Eine entsprechende, notwendigerweise anonyme Instanz würde in der nationalen und internationalen Welt von heute alle Züge einer totalitären Diktatur in sich vereinen. In urbanen Gesellschaften mit geringer sozialer Kontrolle über den einzelnen und einem breiten Fächer an Berufen, Gruppen etc. läßt sich nur die zweite Lösungsmöglichkeit verwirklichen. Jedes Individuum muß schon sehr früh auf eine Umwelt voller Widersprüche und Alternativen vorbereitet werden, um die Voraussetzungen für eine angstfreie Existenz zu schaffen. Keine moderne Stadt kann mehr ein «Neues Jerusalem», eine festgefügte «Theokratie», ein homogener «Mikrokosmos» sein. Entsprechendes gilt für größere Gebilde und sollte entscheidend sein für die

Erziehung des einzelnen und die Gestaltung aller Institutionen in einer offenen Gesellschaft.

Die Schulen müssen demokratisiert werden. Die Förderung von *persönlicher* Autonomie sollte ebenso wichtig sein wie die Vermittlung von Wissen (was für ein Wissen?). Die Erziehung des Kindes darf nicht dazu führen, daß es aus Angst vor Strafen oder für ein wenig Lob die Entscheidungen der Erwachsenen einfach akzeptiert und ausführt, sie sollte das Kind vielmehr dazu anleiten, selber Entscheidungen zu treffen und deren Erfolg zu überprüfen. Gerade in mehrjährig geführten Schulklassen bieten sich Möglichkeiten genug, die *Folgen* von Entscheidungen langfristig zu beurteilen. Die Schule soll grundsätzlich eine Stätte der Erfahrungen – und damit auch der Mißerfolge – werden; nur so kann sie auf die realen Verhältnisse im Leben vorbereiten und die an sie gestellten Erwartungen erfüllen. Die bisherigen Erfahrungen mit solchen Schulen sind vorwiegend positiv.

Es müssen vermehrt jugendeigene Räume bereitgestellt werden, insbesondere in Schulen und Freizeitzentren. Auch in Primarschulhäusern sind Eß-, Arbeits- und Freizeiträume zu schaffen, wo Kinder nach Bedarf ihre Zeit verbringen können. Bedarf gibt es genug, sei es, weil die Mutter ganztägig oder zeitweise arbeitet, sei es, weil das Kind wegen Spannungen mit den Eltern lieber einmal nicht zu Hause, sondern zusammen mit einer andern Mutter essen möchte. Praktisch läuft dieser Vorschlag auf eine Anpassung der bestehenden Hortsysteme an die aktuellen Bedürfnisse hinaus. Der Hort ist heute noch viel zu sehr ein Ort, wo nur sozial benachteiligte Kinder zusammengefaßt und damit weiter benachteiligt werden. Die Schule sollte zu einem *Begegnungszentrum mit verschiedensten Funktionen* werden.

Solange Postulate der oben beschriebenen Art nicht realisiert sind, entsprechen von Jugendlichen verwaltete Jugendzentren einem dringenden Bedürfnis. Darum sind Forderungen nach Freiräumen weiterhin aktuell und müssen rasch verwirklicht werden.

Jugendliche sollen, sofern sie dies wünschen, ab 16 Jahren elternunabhängig wohnen können. Zu diesem Zweck sind Wohngemeinschaften zu schaffen, in denen Jugendliche beiderlei Geschlechts zusammenleben. Solche Wohngemeinschaften könnten subventioniert werden; Eltern von zu Hause lebenden Jugendlichen würden Steuererleichterungen genießen. Die Jugendwohnhäuser stünden allen Jugendlichen zwischen 16 und 26 Jahren offen, auch Ehepaaren mit Kindern.

Ab 16 Jahren soll jeder Jugendliche, der in einer Schule, einer Lehre oder an einer andern festen Stelle arbeitet, einen bestimmten Minimallohn verdienen, in der heutigen Situation – je nach Leistung – etwa Fr.

400.– pro Monat. Eltern mit durchschnittlichem Einkommen hätten davon die Hälfte, solche mit höherem Einkommen den ganzen Betrag zu bezahlen (bei den Steuern entsprechende Sozialabzüge möglich). Damit würden die finanziellen Voraussetzungen für einen freien Entscheid geschaffen, ab 16 Jahren bei den Eltern zu bleiben oder in ein Jugendwohnheim zu ziehen.

Ab 16 Jahren sollen Jugendliche in Gemeinde- und kantonalen Angelegenheiten stimm- und wahlberechtigt sein. Alle übrigen Bürgerrechte erhält der Jugendliche mit 18 Jahren. Wenn – wie die Untersuchungsresultate zeigen – zwischen dem 14. und 24. Lebensjahr kein Zusammenhang von Alter und gesellschaftsbezogenen Kenntnissen besteht, sondern diese von der Schulbildung und der allgemeinen Integration in die Gesellschaft abhängen, kann die Altersreduktion ohne weiteres verantwortet werden. Dies setzt allerdings voraus, daß die Schulen wenigstens halbwegs durch Mitsprache und Mitbestimmung demokratisiert würden.

Zweitens: Erhöhte Lernbereitschaft bei den Erwachsenen
Es ist zu überlegen, wie die Kehrseite des Jugendproblems, nämlich der Autoritätsverlust der Erwachsenen und Behörden, überwunden werden kann. Autoritätsverlust bedeutet: Machtausübung wird als Anmaßung empfunden; der vorbildliche Charakter einer Handlung wird nicht mehr anerkannt; zu geringe Legitimierung der Entscheidungsbefugnisse; oder eben: mehr Macht als Prestige. Soziales Ansehen ist weniger objektiv als Macht. Man könnte auch sagen, Prestige sei immer relativ, das heißt, als Begriff nur auf eine bestimmte soziale Gruppe bezogen sinnvoll. Faßt man die Gesamtgesellschaft als Gruppe ins Auge, kann man sagen: Die Jugendlichen verwenden tendenziell andere Prestigekriterien als die Erwachsenen. Je nach Standpunkt erscheinen deshalb Entscheidungskompetenzen berechtigt oder unberechtigt. In der bisherigen Darstellung habe ich dem Prestige die soziale *Funktion* zugeschrieben, Entscheidungen zu rechtfertigen, das heisst, zu legitimieren; umgekehrt verschaffen Entscheidungen, die sich zum Wohl der Gruppe auswirken, soziales Ansehen. Die Grundlage dieses Ansehens (das Prestige) beruht somit auf den Bedürfnissen der betreffenden Gruppe.

Offenbar gilt der Satz: Wenn sich Bedürfnisse wandeln, dann wandeln sich auch die Prestigekriterien.

Dies erlaubt mir, den einleitenden Gedankengang des zweiten Teils (S. 38) zu Ende zu führen. Dort wurde festgestellt, daß die bisherige Politik der nationalen Sicherheit und der Konsumsteigerung neben materiellen Vorteilen auch Sinnprobleme geschaffen hat und daß die Erwachsenen, soweit sie sich weiterhin als Träger dieser Entwicklung verstehen, diese Sinnprobleme nicht wirklich empfinden. Die Erwachsenen haben sich selbst durch ihre Aktivität in Sicherheit gebracht und können darum kaum begreifen, daß die Jugend sich heute in ihrer Existenz bedroht fühlt. Darin wurzelt jedoch ihr Autoritätsverlust. Weil sie zögern, die Konsequenzen aus ihrer Politik zu ziehen, empfindet die Jugend das Verhalten der Erwachsenen als widersprüchlich und damit nicht vorbildlich. Um einer als chaotisch empfundenen Entwicklung zu steuern, die gekennzeichnet ist durch Umweltzerstörung, Fremdarbeiterprobleme, Wohnungsmangel, Verkehrschaos, Hunger in der Dritten Welt etc., sieht die Jugend eine Lösung viel eher in der langfristigen, von Volksvertretern diskutierten *Planung* als in weiteren Maßnahmen zur Förderung des privaten Konsums.

Mit der fortschreitenden Verflechtung von Wirtschaft und Politik und der zunehmenden Machtentfaltung kapitalistischer Großunternehmungen fallen heute in geschlossenen Direktionssitzungen folgenschwere Entscheide nach vorwiegend ökonomischen Prinzipien zugunsten partikularistischer Interessen. Trotz aller demokratischen Spielregeln im politischen Bereich besitzt das Volk kaum mehr wirksame Kontrollmöglichkeiten. Entweder muß deshalb die Willensbildung in der Wirtschaft demokratisiert werden (was faktisch einer Entmachtung des Kapitals, wie es heute verteilt ist, gleichkäme), oder aber die Wirtschaft muß der demokratisch organisierten politischen Kontrolle unterstellt werden. Prestige verschafft sich heute, wer Ideen über die Gestaltung einer für alle akzeptierbaren Zukunft vorträgt, und nicht derjenige, der den Glauben an eine sich selbst regulierende Wirtschaft predigt. Die Legitimation, über andere zu entscheiden, besitzen zunehmend jene Persönlichkeiten und Institutionen, die sich über die nötigen charakterlichen und fachlichen Qualitäten ausweisen können, die dringlichsten Zukunftsaufgaben im Rahmen einer umfassenden Gesamtordnung sinnvoll zu lösen. Diese Anforderungen sind neu. Viele Eltern, Parteifunktionäre und Behördemitglieder fühlen sich ihnen nicht gewachsen.

Die konkreten Maßnahmen zum Abbau des Autoritätsverlustes und damit zur Lösung des Jugendproblems beruhen auf der Idee, daß die politischen Institutionen und ganz allgemein die Erwachsenen in einer sich wandelnden Gesellschaft ihren Machtüberschuß gegenüber der Jugend nur dann reduzieren können, wenn sie sich eine *größere Lernbereitschaft* aneignen. Zudem müssen die politischen und wirtschaftlichen Entscheidungsprozesse so transparent sein, daß reale Kontrollmöglichkeiten für das ganze Volk bestehen. Wahrscheinlich muß vorerst die Arbeitssituation der Lohnabhängigen derart verändert werden, daß sie sich überhaupt für Kontrollmöglichkeiten zu interessieren beginnen.

Im politischen Bereich sind drei verschiedene Typen von Maßnahmen zu unterscheiden:
1. Maßnahmen, welche die Kontrolle über politische Institutionen fördern. Dazu gehören insbesondere eine Änderung des Vernehmlassungsverfahrens sowie die Entflechtung von wirtschaftlichen und politischen Ämtern. Darüber hinaus ist eine Kontrolle der Wirtschaft durch die Politik anzustreben, wie etwa im 19. Jahrhundert das Militärwesen der zivilen Gewalt unterstellt wurde.
Der Bürger muß die Erfolge und Mißerfolge seiner gewählten Vertreter besser kontrollieren können. Ich denke hier an die Formulierung von kurz- und langfristigen Zielen, die im Verlaufe einer oder mehrerer Legislaturperioden von der Exekutive (Bundesrat) zu erreichen sind; andernfalls sollte der Regierung das Vertrauen entzogen werden können; des weiteren sind behördliche Zensurierungen von Radio- und Televisionsprogrammen, partielles Redeverbot für Ausländer und ähnliche Einschränkungen grundsätzlich abzulehnen.
2. Maßnahmen, die das persönliche Engagement jedes Politikers für die Öffentlichkeit fördern. Das Prinzip der Kollegialbehörde ist auf allen Ebenen abzuschwächen; es ist wichtig, zu wissen, welcher Volksvertreter bei einem Sachgeschäft welche Stellung eingenommen und was für Maßnahmen er befürwortet hat. Zu diesem Zweck sind häufiger und regelmäßig Hearings über aktuelle Probleme zu veranstalten. Die Fragen sind dabei zu einem Drittel aus der Öffentlichkeit, zu einem Drittel von Publizisten und zu einem Drittel von politischen Opponenten zu stellen.
3. Maßnahmen, die eine rationale und wirkungsvolle politische Geschäftsführung erlauben. Dazu gehört vor allem der Übergang zum Berufsparlamentarismus auf Bundesebene, die Möglichkeit, Expertenkommissionen mit Entscheidungsbefugnissen auszustatten, sowie die Verpflichtung der Behörden, Expertenberichte und wissenschaftliche Untersuchungen innerhalb von 6 Monaten nach deren Ablieferung zu publizieren. Entsprechende Beträge sind in jede Budgetierung aufzunehmen. Grundsätzlich ist eine Verjüngung des politischen Apparates anzustreben, unter anderem deshalb, weil politische Entscheidungen heute weniger als früher eine lange Lebenserfahrung, sondern immer mehr eine den ändernden Sachverhalten angepaßte Informiertheit voraussetzen.

Im Arbeitsbereich stellen sich die Probleme des älteren Arbeiters und Angestellten je nach Dynamik der Branchenentwicklung unterschiedlich. Die Weiterbildung älterer Fachkräfte gewinnt jedoch im Zusammenhnang mit dem technologischen Fortschritt allgemein an Bedeutung. Jugendliche, die heute mit einem breiten und abstrakten Wissen in den Betrieb eintreten, haben oft ältere Angestellte als Vorgesetzte, die die berufsspezifische Evolution nicht oder nur unzureichend haben mitvollziehen können und sich daher Neuerungen gegenüber ängstlich oder aggressiv abweisend verhalten. Ihre einzige Legitimation besteht darin, älter zu sein und schon länger im Betrieb zu arbeiten.
Diesem häufig auftretenden Autoritätsverlust könnte entgegengewirkt werden durch stete Weiterbildung der Arbeiter und Angestellten in brancheneigenen Veranstaltungen. Die Gewerkschaften sollten sich heute weniger ausschließlich für Arbeitszeitreduktion und materielle Besserstellung einsetzen, weil eine solche Politik die Unternehmer privat- oder staatskapitalistischer Prägung zu einer weiteren «Roboterisierung» der Arbeitsgestaltung herausfordert und die Freizeit dadurch zu einer Kompensation der unbefriedigenden Arbeitssituation degradiert wird. Vielmehr sollten die Gewinne aus künftigen Produktivitätssteigerungen für die fachliche Förderung und die generelle Weiterbildung aller Arbeiter und Angestellten verwendet werden. Damit wird ihr Selbstbewußtsein gestärkt und ihre Fähigkeit zur Mitarbeit und Kritik erweitert. Permanente Weiterbildung und Mitbestimmung sind wahrscheinlich die wichtigsten Säulen einer so verstandenen Gewerkschaftspolitik.
So wie in der Vergangenheit auf körperliche Sicherheit und gute Verpflegungsmöglichkeiten am Arbeitsplatz Wert gelegt wurde, muß das Hauptaugenmerk in Zukunft der psychischen Sicherheit aller Betriebsangehörigen gelten. Dazu gehört bei den Vorgesetzten *aller* Chargen eine ihrem Kompetenzbereich entsprechende Legitimation. Wenn ein älterer Arbeiter fünf jungen Hilfsarbeitern vorgesetzt ist, braucht er mindestens soviel Prestige zur Legitimierung seiner Position wie bei entsprechenden Vorgesetztenverhältnissen in der Direktion. Beim Arbeiter nimmt sich eine Geschäftsleitung heute jedoch kaum die Mühe, für seine psychische Sicherheit zu sorgen, die von produktionstechnisch bedingten Subordinationsverhältnissen her bedroht sein kann. Die seit Jahren in Betriebshierarchien integrierten Erwachsenen müssen lernen, sich jenen spontanen und sicheren Umgang mit Menschen anzueignen, der unter den Jungen und länger Gebildeten häufiger anzutreffen ist.
Grundsätzlich ist der Erwachsenenbildung ein größeres Gewicht beizumessen. Ich denke hier weniger an Veranstaltungen wie Volkshochschu-

len, so nötig auch dort eine Aktivierung der Beteiligung wäre. Es geht um jene, die nach der Volksschule ihr Leben lang kein Buch lesen, und um jene, die ihre ganze aktualitätsbezogene Information aus der Sensationspresse sowie aus gewissen TV-Programmen beziehen. Diese Erwachsenen haben Familien und Kinder. Für ihre Kinder sind sie in der entscheidenden Lebensphase bis zum 6. Altersjahr das einzige Vorbild, zumindest bei der heutigen Form der Kleinfamilie. In ihrer Schwäche identifizieren sich diese Eltern mit den gesellschaftlich Mächtigen; vom Vertrauen in deren Festigkeit hängt zudem ihre persönliche Sicherheit ab.

Solchen Eltern bringen ihre Kinder, wenn diese ins jugendliche Alter kommen, häufig Haß entgegen. Sie wollen anders werden, realisieren aber gleichzeitig, daß sie bereits so sind wie ihre Eltern. Ebenso lehnen sie jene Autoritäten ab, die sie aufgrund der analogen Rollengestaltungen in unserer Gesellschaft mit den Eltern identifizieren. Jugendliche solcher Eltern sind in besonderem Maße auf Größen angewiesen, die ihnen symbolisch «Mächtigkeit» verleihen (Starkult, Motorenkult, Leistungskult usw.). Für verantwortliche Politiker und Erzieher gibt es zwei mögliche Verhaltensweisen in dieser Situation: Entweder sieht man darin die Bestätigung für die Unmündigkeit des Menschen und leitet daraus die Notwendigkeit zu straffer Führung und Bevormundung ab (ein solches Denken und Verhalten nenne ich *autoritär* oder *elitär*); oder aber man erkennt in der eigenen Mündigkeit das Resultat günstiger Lebensumstände und fordert, daß diese für alle Menschen, auch und gerade für die Jugend, verwirklicht werden (eine solche optimistische Denk- und Verhaltensweise nenne ich *demokratisch*).

Jede demokratische Gesellschaftsordnung setzt ein optimistisches Menschenbild voraus: den mündigen Menschen.

In diesem Gedanken sehe ich den Wegweiser für verantwortliches politisches Handeln; von ihm her gewinnt die Erwachsenenbildung höchste Bedeutung im Hinblick auf die Lösung des Jugendproblems. *Maßnahmen sind daher in zweierlei Richtungen zu ergreifen.* Einerseits gilt es jene Faktoren abzubauen, die einer Neuorientierung und schöpferischen Ordnung hinderlich sind, anderseits ist planendes und zukunftsgerichtetes Denken zu fördern. Die Bevölkerung ist vor dem verdummenden und enervierenden Effekt der Reklame verfassungsmäßig zu schützen, was notwendigerweise bedeutet, dem freien Wirtschaften gewisse Grenzen zu setzen. Auch scheint mir die «demokratische» Einstellung des Schweizerischen Fernsehens und anderer Gesellschaften zweifelhaft, wenn diese mittels Befragungen die vom Fernsehzuschauer – dem «Kunden» – bevorzugten Sendungen ermitteln und die festgestellten Vorlieben zu Richtlinien der Programmgestaltung erhebt. Undemokratisch für den, der den Zusammenhang zwischen den Frustrationen am Arbeitsplatz beziehungsweise in der Familie und den bevorzugten Radio- und Fernsehsendungen sowie der bevorzugten Zeitungslektüre kennt. Solche Zusammenhänge sind schon mehrfach nachgewiesen worden. Die Massenmedien sind kommerziell gesehen vor allem dann erfolgreich, wenn es ihnen gelingt, die unterdrückten Wünsche ihrer Konsumenten symbolisch zu befriedigen. Damit ändern sie selbstverständlich nichts an deren realer Situation, sondern lassen ihnen ihr Schicksal nur erträglicher erscheinen. Gewalt in Form von Wildwest- und Kriminalgeschichten, die heile Welt, wie sie das Show-Geschäft produziert, der Erfolgskult, der in den meisten wettbewerbsartigen Sendungen getrieben wird – sie alle sind wirksame Mittel in den Händen der Programmgestalter zur Stützung der bestehenden Ordnung. In Anbetracht der kompensatorischen Funktion der häufigsten TV-Sendungen wirkt eine solche Programmpolitik besonders in jenen sozialen Schichten konservierend, wo eine Änderung der Lebenssituation am nötigsten wäre. Behörden, die für solch eine populäre Kulturpolitik verantwortlich zeichnen, wie auch all die Eltern, die aus ihrer sozialen Situation heraus auf Sensationen und Illusionen in Wort und Bild angewiesen sind, verlieren in den Augen des denkenden Jugendlichen das Anrecht auf Anerkennung und Gehorsam.

Zusammenfassung

Im Jugendzentrum Lindenhofbunker wurde eine wissenschaftliche Beobachtung durchgeführt. Deren Aufbau und die wichtigsten Resultate sind im ersten Teil dargestellt. Es zeigte sich, daß in unserer Gesellschaft ein Jugendproblem besteht, das ähnlich dem Problem der Betagten oder dem Problem der gefährdeten Umwelt als Resultat gesamtgesellschaftlicher Veränderungen zu verstehen ist.
Charakteristische Merkmalkombinationen konnten in der Untersuchung als Determinanten für jugendliches Verhalten sichtbar gemacht werden. Zu den *Ursachen* gehören:
- der soziale Status der Eltern
- die Schulbildung und die berufliche Tätigkeit des Jugendlichen
- seine Abhängigkeit von den Eltern
- die Relationen dieser Größen zueinander (Gleichgewicht der Statuskonfiguration).

Auf der andern Seite machte die Studie folgende abhängigen Größen (Wirkungen) sichtbar:
- das Ausmaß der Befürwortung oder Ablehnung der bestehenden Ordnung
- das Ausmaß der Integration in die Gesamtgesellschaft
- das Ausmaß der Integration in die Jugendkultur
- die Radikalität der politischen Mittel.

Der zweite Teil des Artikels stellt Maßnahmen zur Lösung des Jugendproblems dar, die in enger Beziehung zu den Resultaten der wissenschaftlichen Untersuchung stehen. Sie sind nicht vollständig, so wenig wie die wissenschaftliche Untersuchung sämtliche Aspekte des Jugendproblems erfassen konnte. Die Vorschläge lassen sich in 13 Punkten zusammenfassen:
1. Förderung des gesellschaftlichen Ausgleichs
2. Umfassende Siedlungsplanung
3. Förderung von privaten Wohngemeinschaften mit Gemeinschaftsräumen
4. Schaffung von Gemeinschaftshäusern für Jugendliche ab 16 Jahren
5. Schaffung selbstverwalteter Jugendzentren
6. Integrale Vorschulförderung ab 3 Jahren
7. Demokratisierung des Schulsystems mittels «Begabungsförderung»

8. Verbesserung der Lehrlingsausbildung
9. Demokratisierung unserer politischen Praxis
10. Profilierung und Verjüngung der politischen Kader
11. Laufende Weiterbildung der Arbeiter und Angestellten in brancheneigenen Veranstaltungen
12. Eindämmung der Reklame
13. Förderung von Information und Kritik bei Radio und Fernsehen.

Die Problematik eines solchen Kataloges besteht darin, daß er nicht in einem zentralistischen Staat, sondern in einem demokratisch organsierten Staatswesen erhoben wird. Zwischen dem Ruf nach behördlichen Maßnahmen – gleich welcher Art – und der idealen demokratischen Machtverteilung besteht eine tiefe Kluft. Wir sind zu demokratisch, als daß Maßnahmen von seiten der Behörden einfach durchgesetzt werden könnten; wir sind zu wenig demokratisch, als daß sie überflüssig wären. Forderungen der genannten Art müssen durchgesetzt, notfalls auch erzwungen werden, ähnlich wie im 19. Jahrhundert politische und zu Anfang des 20. Jahrhunderts soziale Postulate mit allen Mitteln realisiert wurden. Ich bin zur Ansicht gelangt, daß in der aktuellen historischen Situation das Erreichen der Ziele wichtiger ist als die Frage nach der Legalität der politischen Mittel.

Anhang

Die im Auftrag einer stadträtlichen Kommission erarbeitete soziologische Studie erforderte eine bestimmte Methode der praktischen Realisierung. Obwohl in der vorliegenden Publikation als Folge dieses Vorgehens den einzelnen Fragen direkte Antworten nicht gegenübergestellt werden konnten, erachten die Herausgeber die getrennte Wiedergabe des Fragebogens sowie der Resultate der statistischen Auszählung als sinnvoll.

I Fragebogen

An die Interviewer:
Die «Antworten» am rechten Blattrand dienen der Strukturierung für den Fall, daß der Informant die Frage nicht richtig versteht. Falls die freie Antwort dem Sinn nach genau einer vorgegebenen Antwort entspricht, darf diese einfach angekreuzt werden. Die Fragen sind jedoch *offen* und ohne Vorstrukturierung zu formulieren.

Identifikation:	Geschlecht	männl./weibl.
	Wochentag	
	Tageszeit	
	Ort im Bunker	Parterre / 1. St. / 2. St.

Frage 1	a) «Wie manchmal kommst du etwa hierher pro Woche?»	ständig hier?
	b) «Wie lange bleibst du jeweils etwa hier?»	Anzahl Stunden ständig hier?
	c) «Hast du schon im Bunker übernachtet?»	
	Falls Ja: «Wie manchmal etwa?» «Aus was für Gründen?»	

Frage 2	a) «Hast du das Gefühl, die Jungen hätten heutzutage ein größeres Zusammengehörigkeitsgefühl als früher und seien sich in wichtigen Fragen irgendwie einig?»	
	«Wie beurteilst du die Lage diesbezüglich	
	– hier im Bunker	
	– in Zürich	
	– international?»	

b) *Falls* ganz oder zum Teil Ja:
«Warum gibt es dieses Zusammengehörigkeitsgefühl heutzutage mehr als früher?»
c) *Falls* ganz oder zum Teil Nein:
«Warum gibt es dieses Zusammengehörigkeitsgefühl nicht oder nur teilweise?»

Frage 3   a) «Scheint dir die Solidarität unter den Jungen heute notwendig?»   unter allen Jungen.
unter best. Gruppen.
Nein.

b) «Weshalb?»

Frage 4   «Hat ein Jugendzentrum für dich nur einen Sinn, wenn es autonom ist, das heißt: wenn Eltern und Behörden darin nichts zu sagen haben?»

Frage 5   «Warum hältst du Autonomie für unerläßlich oder für nicht unbedingt notwendig?»
Falls Autonomie: Wozu?

Frage 6   «Wenn der Bunker dir gehören würde und du ganz allein die Möglichkeit hättest, zu bestimmen, was im Jugendzentrum gemacht wird, wozu würdest du den Bunker vor allem benützen?»

Frage 7   a) «Du hast sicher von der Razzia gehört. Findest du das Vorgehen der Polizei und der Behörden uneingeschränkt in Ordnung und notwendig, oder findest du es eher falsch und eine Provokation?
b) «Warum?»   dafür/dagegen
worin besteht die Einschränkung?

Frage 8   «Wenn du im Sport-Toto den Haupttreffer gewinnen würdest, was würdest du mit dem Geld anfangen? Würdest du einen Teil davon sparen?»   Reihenfolge der Antworten beachten!
Eventuell Hinweis geben, daß viel Geld gewonnen wird (ca. Fr. 100000.–).

Frage 9	«Heute sagt man immer wieder, daß Solidarität und gemeinsame Aktionen der Jungen nötig seien. Wäre es nicht besser, jeder würde für sich schauen? Man könnte doch versuchen, seine Ziele allein oder mit zwei, drei andern zusammen zu erreichen, denn wenn jeder das tut, ginge es vielleicht allen am besten?»	Solidarität: warum? wie? Individuelles Streben: warum? wie?
Frage 10	«Würdest du demonstrieren oder anders protestieren, wenn der Bunker geschlossen würde?»	Anders protestieren: in welcher Form?
Frage 11	a) «Welche Art, welcher Stil Musik gefällt dir am besten?» b) «Welche Gruppe oder welcher Sänger, Komponist etc.?» c) «Wenn du zu Hause oder mit Freunden privat Musik hörst, hörst du ungefähr dieselbe Musik, wie sie hier im Jugendzentrum vorherrscht?» *Falls* Nein: welche?	Klassisch Pop Schlager
Frage 12	a) «Liesest du auch Zeitungen oder Zeitschriften oder Illustrierte?» «Wenn du alles zusammenfassest: wieviel, wie lange etwa *täglich?*» b) «Welche Zeitungen?» «Welche Zeitschriften und/oder Illustrierte?» *Falls* keine Musik-, Pop- oder «Underground»-Titel, oder *falls* keine oppositionellen Schriften genannt werden, speziell fragen, ob Agitation, Focus oder Hotcha schon gelesen.	*Falls* Fragen 12 und 13 zusammengenommen sehr hohe Werte ergeben: nachfragen, ob möglich und richtig.
Frage 13	a) «Hörst du auch etwa Radio oder siehst TV: wie lange etwa täglich?» b) «Welche Programmteile besonders häufig oder am ehesten?»	

Frage 14	«Wo kaufst du deine Kleider am liebsten?»	*Interviewer:* gegenwärtige Bekleidung des Befragten: – Jugendkultur einfach – Jugendkultur extrem – unauffällig, eher konservativ – Besonderheiten:
Frage 15	a) «Es gibt Leute, die meinen, man sollte die Kinder und Jugendlichen frühzeitig und objektiv über Drogen etc. aufklären. Was meinst du dazu?» b) «Warum?»	unbedingt mit Vorbehalt: *inwiefern?* nein
Frage 16	a) «Heute wird einer streng bestraft, wenn er beim Rauchen von Hasch erwischt wird. Findest du das richtig?» b) «Warum?»	– Nein, stupid, lächerlich. Die Behörden sind autoritär und kommen nicht draus. – Nein, falsche Maßnahme. Übel an der Wurzel anpacken. Aufklären etc. – Ja, in Ordnung.
Frage 17	«Heute reden alle über die Vor- und Nachteile des Drogengenusses, ob das gut oder schädlich sei. Findest du, heute sollte jeder seine eigenen Erfahrungen sammeln über die Wirkung der Drogen, auch von LSD und stärkeren Stoffen, oder hältst du das für zu gefährlich? Findest du also, persönliche Drogenerfahrung und persönlichen Drogengenuß sei wesentlich und wichtig fürs Leben und auch nicht so schädlich, wie man immer sagt, oder eher nicht?»	Grundsätzlich dagegen. Angst vor Erfahrung. Wünscht Aufklärung von «kompetenter» Seite. Erfahrung wichtig, aber langfristig unnötig. Notwendig fürs Leben.

Frage 18　　*Interviewer:* Vgl. Frage 10:
　　　　　　Falls für Demonstration bei Frage 10:
　　　　　　a) «Du hast vorhin gesagt, du würdest demonstrieren oder anders protestieren, wenn der Bunker geschlossen würde. Würdest du nur demonstrieren, wenn die Demonstration erlaubt ist, oder würdest du auch auf die Straße gehen, wenn dies verboten ist?»
　　　　　　b) «Gibt es andere Forderungen, für die du erlaubter- oder unerlaubterweise demonstrieren würdest?»
　　　　　　«Welche?»
　　　　　　Falls gegen Demonstration bei Frage 10:
　　　　　　a) «Du hast vorhin gesagt, du würdest nicht protestieren gehen, wenn der Bunker geschlossen würde. Warum würdest du es nicht tun?»
　　　　　　b) «Würdest du überhaupt nie oder kaum je auf die Straße gehen, um Forderungen durchzusetzen?»
　　　　　　c) *Falls* doch:
　　　　　　«Für was für Ziele und Zwecke?»
　　　　　　«Würdest du für diese Forderungen auch im Falle eines Demonstrationsverbotes auf die Straße gehen und es dabei auf eine Auseinandersetzung mit der Polizei draufankommen lassen?»

Frage 19　　«Hast du auch schon ‹gegammelt›, also in den Augen der Erwachsenen ‹nichts› getan, oder hast du vor, es nächstens einmal zu tun?»

Frage 20　　Beruf, Tätigkeit, Stellung gerade jetzt.

　　　　　　　　　　　　　　　　　　　　　　　　– Schulpflichtig
　　　　　　　　　　　　　　　　　　　　　　　　– Höhere Schule – welche?
　　　　　　　　　　　　　　　　　　　　　　　　– Lehre: Richtung? Jahr?
　　　　　　　　　　　　　　　　　　　　　　　　– Beruf mit Position

　　　　　　b) «Was hast du damit noch vor?»　– abschließen – und nachher?
　　　　　　　　　　　　　　　　　　　　　　　　– spezialisieren
　　　　　　　　　　　　　　　　　　　　　　　　– wechseln
　　　　　　　　　　　　　　　　　　　　　　　　– abbrechen

Frage 21   a) Beruf, Tätigkeit der Eltern:
           des Vaters
           der Mutter
           b) Gemeinsamer Haushalt?   gestorben – ge-
                                                   schieden (seit wann?)

Frage 22   a) «Glaubst du, du werdest dich
           früher oder später mal mit politischen
           Fragen intensiver auseinandersetzen?»
           b) *Falls* Ja:
           «Im Rahmen welcher Partei oder
           politischen Gruppe siehst du das
           am ehesten?»
           b) *Falls* Nein: Gefühl der Macht-
           «Warum nicht?»   und Sinnlosigkeit?
                                                    Zufrieden?

Frage 23   a) «Heute bekommt ein Junger das
           Stimm- und Wahlrecht mit 20 Jahren.
           Fändest du es richtig oder eher un-
           nötig, wenn man es auf 18 Jahre
           heruntersetzte?»
           Falls Nein:
           «Warum nicht?»
           Falls Ja:
           «Warum?»

Frage 24   *Interviewer: Bei jungen Informanden*
           «Würdest du das Stimm- und Wahl-
           recht benützen, wenn du heute schon
           das Recht dazu hättest?»
           Falls Nein: Gefühl der Macht-
           «Warum nicht?»   und Sinnlosigkeit?
                                                    Zufriedenheit?
                                                    Revolutionäre
                                                    Taktik?

           Bei volljährigen Informanden
           «Gehst du regelmäßig an die Urne?
           Eher selten? Oder nie?»

Frage 25   «Bist du für oder gegen Dienstver-
           weigerung?»
           «Warum? Wozu?»

Frage 26   *Interviewer:* Vgl. Frage 20 und formuliere die Frage entsprechend.
Falls nicht schulpflichtig:
a) «Was meinen deine Eltern zu dem, was du jetzt machst? Ich meine: Was für eine Rolle haben deine Eltern – oder andere wichtige Personen – gespielt bei deinem Entschluß, das zu tun, was du jetzt tust? War es dein *eigener* Entschluß, oder haben *andere* dich dazu veranlaßt?»
b) *Falls* fremdbestimmt:
«Bist du mit dem Entscheid einverstanden gewesen?»   Ja
Gleichgültig
Nein

Falls selbstbestimmt:
«Sind die Eltern – oder andere – damit einverstanden gewesen?»   Ja
Gleichgültig
Nein

Falls schulpflichtig:
«Du gehst jetzt noch in die Schule. Was würdest du machen, wenn die Schule freiwillig wäre, wenn du also nicht in die Schule müßtest?
Würdest du eventuell in der Schule bleiben oder in eine andere gehen,
oder würdest du eher eine Lehre beginnen,
oder würdest du nichts Derartiges mehr machen?»

Frage 27   «Wie ging es dir in der Schule? Hattest du eher große Mühe oder fühltest du dich recht sicher?»
«Was war das Hauptproblem?»   Nicht Schulfächer abfragen!

Frage 28   «War deiner Ansicht nach die Kameradschaft, die Solidarität der Schüler eher gut, mäßig oder schlecht?»
«Hast du dich isoliert gefühlt gegenüber den Anforderungen der Lehrer, oder gab die Klasse jedem einzelnen ein Gefühl des Geschütztseins?»

Frage 29	Anzahl Schuljahre	
Frage 30	Alter	
Frage 31	«Wo bist du aufgewachsen?»	In Zürich: Stadtteil? Nie umgezogen? Mehrfachlokalität abfragen
Frage 32	«Wo wohnst du jetzt?»	In Zürich: Stadtteil?
Frage 33	«Wie wohnst du jetzt?»	Bei den Eltern Zimmer/Wohnung Kommune Verheiratet
Frage 34	«Man spricht heute viel davon, daß die Stellung von Schülern und Lehrlingen verbessert werden sollte. Was meinst du dazu?» *Falls* verbessern: «An was denkst du dabei vor allem?»	– Eher dafür – Scheint kein Problem zu sein – Mitsprache/ Mitbestimmung – Löhne – Längere Ferien – Bessere Ausbildung
Frage 35	«Was für Mittel scheinen dir in der heutigen Situation am geeignetsten, diese Ziele zu erreichen?»	– Mit den Erwachsenen sprechen – Aufklären: Möglichkeiten wahrnehmen – Direkte Aktionen
Frage 36	«Die Italiener und andere Fremdarbeiter leben bei uns ziemlich am Rande der Gesellschaft. Zum Beispiel dürfen sie sich bei uns nicht gewerkschaftlich organisieren und besitzen auch politisch keine Mitbestimmung. Findest du das in Ordnung?»	

Falls Ja:
«Warum?»
Falls Nein:
«In welchem Bereich scheint dir eine
Änderung am nötigsten?» — Verhandeln
«Wie lassen sich diese Verbesserungen — Aufklären
am ehesten erreichen»? — Direkte Aktionen

Frage 37 «Nach dem Zweiten Weltkrieg ist der
Staat Israel gegründet worden. Dafür
gibt es heute mehr als eine Million
Palästinaflüchtlinge.
a) Glaubst du, daß sich das
Flüchtlingsproblem mit der Zeit von
selbst lösen wird und man am besten
die Hände aus dem Spiel läßt – besonders wir als neutrale Schweizer?
Oder findest du die Schweiz sollte
etwas unternehmen?»
b) *Falls* gegen Aktionen:
«Warum?»
c) *Falls* für Aktionen:
«An was für Möglichkeiten denkst du
vor allem?»

Frage 38 «Die palästinensischen Terroristen
haben schon Verkehrsflugzeuge zum
Abstürzen gebracht und am Boden
gesprengt.
Findest du solche Aktionen seien
notwendig und gegenwärtig richtig,
oder verständlich, aber nicht zu be-
fürworten, oder verwerflich, maßlos,
primitiv?»

II Auszählung der Antworten (166 = 100%)

Zeit der Erhebungen:
  28. Dezember 1970 bis 6. Januar 1971
Ort der Erhebungen im Bunker:
  Unterer Stock (Musik): 29%
  Mittlerer Stock (Musik, Gespräche, Übernachtungen): 45%
  Oberer Stock (Administration, politische Organisation): 23%
  Zwischengänge: 3%

Tageszeiten der Erhebungen
    0700 bis 1100 Uhr (Vormittag): 9,9%
    1100 bis 1400 Uhr (Mittag): 14,6%
    1400 bis 1700 Uhr (Nachmittag): 17,5%
    1700 bis 2100 Uhr (früher Abend): 31,6%
    2100 bis 2400 Uhr (später Abend): 12,9%
    2400 bis 0700 Uhr (Nacht): 13,5%

Geschlecht der Interviewten
    73,1% männlich
    26,9% weiblich

Alter
    16,4% sind 14 Jahre oder jünger
    14,6% sind 15 Jahre alt
    13,5% sind 16 Jahre alt
    11 % sind 17 Jahre alt
    10,1% sind 18 Jahre alt
    10,5% sind 19 Jahre alt
    14 % sind 20 oder 21 Jahre alt
    10 % sind mehr als 22 Jahre alt

Formale Bildung
    29,2% verfügen über 8 Schuljahre oder weniger
    47,4%   9 Schuljahre
    9,9%   10 Schuljahre
    5,9%   11 Schuljahre
    1,8%   12 Schuljahre
    3,5%   13 Schuljahre
    2,3%   14 und mehr Schuljahre

Beschäftigungsstatus ohne Rücksicht auf aktuelle Beschäftigung
Kriterium: Einkommensmöglichkeit:
    14,6% sind schulpflichtig
    42,7% sind im 1. Lehrjahr oder ohne irgendeine Ausbildung,
          die über das Schulobligatorium hinausgeht
    17 % sind tief einzustufen (meist 2. Lehrjahr oder Mittel-
          schüler)
    15,8% sind mittel einzustufen (meist vor Lehrabschluß oder
          Berufslehre mit tiefem Rang oder ziemlich
          engagierter Job)
    10 % sind hoch einzustufen (meist abgeschlossene Berufs-
          lehre mit hohem Rang)

Beruf des Vaters
    0,6 % Gelegenheitsarbeiter
    14 % ungelernte oder angelernte Arbeiter (ohne Berufslehre)
    33,7 % Handwerker in Berufen mit relativ tiefem Rang sowie relativ selbständige ungelernte Arbeiter
    20 % Handwerker in Berufen mit relativ hohem Rang sowie tiefe «White Collars» und selbständige Gewerbetreibende
    17 % höhere Angestellte, besser situierte Selbständigerwerbende etc.
    12,5 % oberschichtige Berufe
    keine Angaben: 3 %

Beruf der Mutter
    55 % nicht berufstätig
    16,5 % beschäftigt mit Arbeiten, die deutlich tiefer einzustufen sind als die Tätigkeit des Vaters
    19 % beschäftigt mit Arbeiten, die ungefähr gleich einzustufen sind wie die Tätigkeit des Vaters
    9 % beschäftigt in Berufen, die deutlich höher einzustufen sind als die Tätigkeit des Vaters
    keine Angaben: 0,6 %

Wohnort der Eltern
    24,5 % wohnen rein ländlich
    26,9 % wohnen in Vororten von Zürich
    41 % wohnen in Aussenquartieren von Zürich oder in anderen Städten mit mehr als 100000 Einwohnern
    4,7 % wohnen in zentralgelegenen Quartieren
    keine Information: 3 %

Familiensituation der Eltern
    78,4 % der Ehen sind äußerlich in Ordnung, das heißt, die Eltern leben ungetrennt
    2,3 % der Ehen sind – in bezug auf das Alter des Informanden – relativ spät gestört durch Tod, Trennung oder Scheidung der Eltern
    10 % der Ehen sind seit der Kindheit des Informanden gestört durch den Tod eines Elternteiles, bzw. der Informand ist bei Pflegeeltern aufgewachsen
    9,3 % der Informanden stammen aus relativ früh geschiedenen Ehen

Wohnsituation der Informanden
- 90 % sind ständig in Familien aufgewachsen
- 10 % haben Pflege-, Kinder- und Erziehungsheime erlebt, wovon 8,2% während vieler Jahre
- 18,1% sind innerhalb eines vergleichbaren Milieus umgezogen
- 14,6% sind über Sprach-, Landes- oder Stadt-Land-Grenzen umgezogen
- 67,3% haben den Wohnort nie gewechselt

Unterkunft
- 66,7% leben bei ihren Eltern ober bei Verwandten
- 26,3% leben in einem Zimmer oder im Bunker («Momentan kein Zimmer»)
- 7 % leben in einer Wohnung oder einer Kommune.

Wohnort
- 19,3% leben auf dem Land
- 14 % leben suburban, in Vororten
- 35,7% leben in Zürcher Außenquartieren oder in anderen großen Schweizerstädten
- 30,4% leben relativ zentral in Zürich (z. B. im Bunker)

Mobilität
- 60,8% leben zuhause bei ihren Eltern
- 39,2% leben selbständig

Aktuelle Beschäftigung
- 15,2% gammeln und wollen weiter gammeln
- 9,4% sind gegenwärtig ohne Arbeit, wollen aber nächstens einen festen Arbeitsplatz annehmen
- 24 % sind erwerbstätig mit der Absicht, nächstens aufzuhören; oder sind in der Ausbildung mit der Absicht, diese abzubrechen
- 28,1% sind in der Ausbildung mit der Absicht, diese zu beenden, aber anschließend diese Tätigkeit zu ändern
- 23,3% sind in der Ausbildung mit der Absicht, diese zu beenden und auf dem Gebiet weiterzumachen

Zufriedenheit mit der gegenwärtigen Beschäftigung
(oder Arbeitslosigkeit)
a) 73,1% äußern sich nicht selbständig im negativen Sinne über ihre gegenwärtige Beschäftigung
18,1% möchten den Beruf wechseln, bzw. – wenn in der Lehre – diese beenden, aber dann etwas anderes unternehmen

        1,7 % möchten sofort abbrechen oder haben es soeben getan, um eine andere Beschäftigung anzunehmen
        7 % möchten ihre gegenwärtige Beschäftigung abbrechen oder haben es soeben getan, um eine Zeitlang nichts mehr zu arbeiten

b)   86 % sagen, sie fühlten sich in ihrer gegenwärtigen Situation nicht fremdbestimmt und lassen keine Konflikte mit Autoritäten erkennen
        14 % fühlen sich in ihre Situation gezwungen und lassen Konflikte mit Autoritäten erkennen

Schulsituation der Informanden
a)   42,1 % erklären im Moment des Interviews, die Schule hätte ihnen geringe Mühe bereitet
        39,8 % erklären im Moment des Interviews, die Schule hätte ihnen mäßige Mühe bereitet
        18,1 % erklären im Moment des Interviews, die Schule hätte ihnen große Mühe bereitet

b)   33,9 % haben sich in der Schule sehr isoliert gefühlt
        33,9 % haben sich in der Schule zum Teil isoliert gefühlt
        32,2 % haben sich in der Schule gut aufgehoben gefühlt und fanden die Solidarität mit den Schulkameraden gut.

Zufriedenheit mit der Fremdarbeitersituation
        22,2 % empfinden die heutige Situation als in keiner Weise zu rechtfertigen
        32,8 % empfinden die heutige Situation als unbefriedigend
        10,5 % empfinden die heutige Situation als ambivalent
        9,4 % empfinden die heutige Situation eher in Ordnung
        25,1 % sehen keine unlegitimierte Diskriminierung

Vorstellungen zum Problem der Fremdarbeiterproblematik
a)   1,7 % haben keine Vorstellungen
        8,8 % haben sehr unklare Vorstellungen
        38,6 % wissen nicht, was sie dazu meinen sollen
        51,1 % äußern konkrete, stichhaltige Argumente zum Fremdarbeiterproblem

b)   20,5 % äußern sich affektiv für eine Reduktion des Fremdarbeiterbestandes
        11,1 % finden, man sollte die Fremdarbeiter rausschmeißen oder nicht mehr hereinlassen
        68,4 % äußern sich nicht fremdenfeindlich

Innovationsbereitschaft zur Lösung des Fremdarbeiterproblems
- 60,8 % wollen nur verhandeln
- 17 % wollen aufklären, verhandeln und fordern den politischen (gewerkschaftlichen) Zusammenschluß
- 11,1 % schließen neben den genannten Methoden direkte Aktionen nicht aus
- 11,1 % sehen die Lösung vor allem in direkten Aktionen

Einverständnis mit der Palästinensersituation
- 14,6 % empfinden die heutige Situation als in keiner Weise zu rechtfertigen
- 18,7 % empfinden die heutige Situation als unbefriedigend
- 25,2 % empfinden die heutige Situation als ambivalent
- 15,2 % empfinden die heutige Situation eher in Ordnung
- 16,4 % sehen keine unlegitimierte Diskriminierung

Innovationsbereitschaft zur Lösung des Palästinenserproblems
- 19,3 % verabscheuen die Terroraktionen der Palästinenser und meinen, die Schweiz solle nichts zur Verbesserung ihrer Lage unternehmen
- 26,9 % verabscheuen die Terroraktionen der Palästinenser und meinen, die Schweiz solle etwas zur Verbesserung ihrer Lage unternehmen
- 17,5 % finden die Terroraktionen verständlich und trotzdem unakzeptabel und meinen, die Schweiz solle nichts zur Verbesserung ihrer Lage unternehmen
- 28,1 % finden die Terroraktionen verständlich und trotzdem unakzeptabel und meinen, die Schweiz solle etwas zur Verbesserung ihrer Lage unternehmen
- 8,2 % finden die Terroraktionen richtig und nützlich und fordern diplomatische und andere Schritte zur Verbesserung ihrer Lage

Bunkeraufenthalt
- 0,0 % zufällig bis zweimal pro Woche jeweils weniger als 1 Stunde
- 3,5 % zufällig bis zweimal pro Woche jeweils 1–4 Stunden Aufenthalt
- 14 % steigende Kombinationen von wöchentlichen Besuchen und Aufenthaltsdauer
- 24 % steigende Kombinationen von wöchentlichen Besuchen und Aufenthaltsdauer
- 25,7 % 3–5 mal pro Woche mehr als 5 Std. oder 6–7 mal pro Woche 1–4 Stunden
- 32,8 % 6–7 mal pro Woche *und* täglich länger als 4 Stunden

Häufigkeit der Übernachtungen im Bunker
   42,1% haben nie im Bunker übernachtet
   20,5% haben 2–5 mal im Bunker übernachtet
   11,7% haben 6–10 mal im Bunker übernachtet
   25,7% haben 11 und mehrmals im Bunker übernachtet

Autonomieanspruch
   9,9% sprechen sich gegen die Autonomie aus
   15,2% sprechen sich eher für Autonomie aus
   17 % sprechen sich pauschal, ohne weiteren Kommentar über die Gründe, für Autonomie aus
   29,9% wollen Autonomie, damit es einen Ort gebe, wo einen die Alten und die Behörden in Ruhe lassen
   28,1% wollen Autonomie, weil sie sich als Junge unverstanden fühlen (Generationenkonflikt)

Demonstrationsbereitschaft für den Bunker
   15,2% würden weder für den Bunker demonstrieren noch sonst etwas für das bestehende Jugendzentrum unternehmen
   9,4% würden bloß beschränkt für den Bunker demonstrieren, sonst aber nichts für das bestehende JZ unternehmen
   51,5% erklären sich spontan und ohne Emphase zu Demonstrationen für den Bunker bereit
   23,9% wollen im Falle einer Bunkerschließung protestieren und sich auch sonst für das bestehende JZ einsetzen

Einstellung zur Polizei-Razzia im Bunker
   53,2% sind uneingeschränkt gegen die Razzia
   13,5% sind eingeschränkt gegen die Razzia
   16,2% sind eingeschränkt für die Razzia
   16,5% sind uneingeschränkt für die Razzia

Kleidung
   3,5% sind sehr unkonform angezogen
   12,3% sind unkonform angezogen
   49,1% tragen Freizeitkleidung vom Typ Jugendkultur (Fransenjäckchen, Stirnband etc.)
   33,3% tragen jugendlich-konforme Kleidung
   1,7% sind sehr konform angezogen

Einstellung zum Drogenproblem
- 18,1 % äußern sich abweichend liberal; für Selbsterfahrung statt Aufklärung auch bei relativ harten Drogen
- 30,5 % äußern sich liberal; objektive Aufklärung über die Schädlichkeit und Unschädlichkeit gewisser Drogen; Abklärung der Drogensucht-Ursachen
- 10,5 % äußern sich ambivalent
- 31,6 % äußern sich konservativ; Aufklärung durch Autoritäten; Bestrafung für Haschkonsum

Politischer Standort
- 58,5 % wissen nicht, im Rahmen welcher politischen Gruppierung sie sich engagieren würden, wenn sie könnten
- 7,2 % plädieren für uneingeschränkte außerparlamentarische Opposition
- 20,4 % würden sich eher außerparlamentarisch engagieren
- 7,6 % sehen sich in einer traditionellen Linkspartei (PdA oder SP)
- 5,3 % sehen sich in einer traditionellen Mittelstandspartei
- 1,2 % sehen sich in einer traditionellen Rechtspartei

Reale oder antizipierte Teilnahme am politischen Leben
- 8,8 % interessieren sich überhaupt in keiner Weise für Politisches
- 15,8 % wollen sich nicht in die Politik einmischen
- 24,6 % sind unentschieden, werden vielleicht stimmen gehen, sich aber nie aktiv für etwas einsetzen
- 28,1 % werden das Stimm- und Wahlrecht benutzen, ohne sich weiter zu engagieren
- 22,8 % zeigen sich politisch interessiert bis zum aktiven Engagement unter Ausnutzung der legalen politischen Mittel

Einstellung zur Reduktion des Wahlalters
- 10 % fordern das aktive Bürgerrecht, um Einfluß zu gewinnen
- 33,3 % sind positiv für eine Altersreduktion
- 36,8 % fühlen sich und ihre Altersgenossen mit 18 Jahren politisch ebenso reif wie die Alten
- 4,7 % sind eher dagegen
- 15,3 % sind eindeutig dagegen

Vorstellungen zum Problem der Dienstverweigerung
- 33,4% sind für die Dienstverweigerung ohne eine rationale Begründung[1]
- 64,9% wissen nicht, was sie dazu meinen sollen[1]
- 1,8% äußern konkrete, stichhaltige Argumente für die Dienstverweigerung
- 70,2% sprechen sich grundsätzlich für Dienstverweigerung aus
- 5,9% sind für Dienstverweigerung, weil sie eine Freiwilligenarmee wollen
- 4,1% sind für DV, würden aber selbst nicht verweigern, zum Teil aus Angst vor den harten Strafen
- 6,4% sind eher gegen DV, obwohl sie die Beweggründe dafür sehr gut verstehen
- 7,6% sind gegen DV, dafür für vernünftige Reformen innerhalb des Militärs
- 5,8% sind gegen DV, weil sie den Militärdienst für etwas Positives ansehen

Zufriedenheit mit der heutigen Schüler- und Lehrlingssituation
- 12,3% äußern sich zufrieden; keine Forderungen
- 2,3% wissen nicht so recht – eher zufrieden
- 27,5% sind eher zufrieden
- 53,8% sind deutlich unzufrieden
- 2,3% sind äußerst unzufrieden; viele Forderungen und Vorschläge zur Verbesserung der heutigen Schüler- und Lehrlingssituation

Jugendsolidarität
- 6,4% sind dagegen, finden sie unnötig, falsch oder gefährlich
- 39,2% finden sie eher nötig, aber ganz pauschal, ohne Inhalt oder spez. Betonung
- 36,3% finden sie nötig
- 14 % sind sehr dafür
- 4,1% fordern sie unbedingt und als notwendige Voraussetzung für politische Aktionen

Vorstellungen zur Verbesserung der Schüler- und Lehrlingssituation
- 1,7% haben keine Vorstellungen
- 3 % haben sehr unklare Vorstellungen

---

[1] Vermutlich hat sich die Mehrheit (64,9%) für eine Dienstverweigerung ohne rationale Begründung ausgesprochen. Eine Überprüfung ist nicht mehr möglich (die Hrsg.).

57,3 % äußern pauschale, unstrukturierte Meinungen
25,2 % beziehen sich auf tatsächliche, konkrete Probleme
12,9 % äußern sich umfassend und strukturiert

Innovationsbereitschaft zur Lösung von Jugendproblemen
    18,7 % wollen nur verhandeln
    33,3 % wollen verhandeln und sich unter Umständen solidarisieren
    31 % suchen vor allem den Zusammenschluß zur Erreichung politischer Kraft
    17 % sehen die Lösung vor allem in direkten Aktionen

Lektüre von Agitation, Focus, Hotcha
    62 % haben nie etwas gehört von den genannten Zeitschriften oder sagen, sie hätten sie auch schon gesehen (nicht gelesen)
    19,3 % haben eine der genannten Zeitschriften «auch schon gelesen»
    8,8 % nennen eine der Zeitschriften selbständig und/oder erklären auf Befragen, mehr als eine Zeitschrift zu lesen
    9,9 % nennen mehr als eine der genannten Zeitschriften selbständig als Bestandteil der regelmäßigen Lektüre

Jugendlektüre
    62,6 % nennen keine Jugendkulturzeitschriften
    21,1 % nennen eine solche Zeitschrift
    9,4 % nennen zwei solche Zeitschriften
    5,3 % nennen drei solche Zeitschriften
    1,7 % nennen 4 solche Zeitschriften

Erwachsenenlektüre
    55 % nennen keine Illustrierten oder Erwachsenenzeitschriften (Spiegel, Konkret, Pardon, Stern, Quick, SIZ etc.)
    21 % nennen eine solche Zeitschrift
    16,4 % nennen zwei solche Zeitschriften
    7,6 % nennen mehr als zwei solche Zeitschriften

Medienkonsum; tägliche Radio- und/oder Fernseh-Konsumzeit:
    22,2 % Null bis 30 Minuten
    19,9 % 30 Minuten bis 1 Stunde
    18,1 % 1 bis 1½ Stunden
    15,2 % 1½ bis 2 Stunden
    8,8 % 2 bis 2½ Stunden
    9,4 % 2½ bis 3 Stunden
    5,8 % mehr als 3 Stunden täglich

Reinlichkeitsforderungen
        15,8 % möchten ein Jugendzentrum, das sauberer ist als der
               Bunker, ohne bemalte Wände
        84,2 % äußern keine derartigen Bedenken oder Wünsche

Hilfsbereitschaft im gesamtgesellschaftlichen Sinne
        4,7 % würden mehr als ⅓ eines Tottogewinnes gemein-
              nützigen Institutionen zur Verfügung stellen
        15,8 % würden bis zu ⅓ eines Tottogewinnes gemeinnützigen
               Institutionen zur Verfügung stellen
        79,5 % äußern keine solchen Absichten

Gefühl der Machtlosigkeit:
        12,3 % äußern bei irgendeiner Frage, Bemühungen seien
               sinnlos, man könne ja doch nichts machen
        19,9 % äußern entmutigte Bedenken bei mehr als einer Frage
        67,8 % äußern sich an keiner Stelle im genannten Sinne.

Berthold Rothschild
Der Bunker – eine verpaßte Chance

Einleitung

Eine Abstraktion der Erlebnisse im Zusammenhang mit dem Zürcher Bunker wird durch polemische und apologetische Einflüsse erschwert. Es hat sich – ähnlich wie bei den Globuskrawallen – gezeigt, daß die sekundären Erscheinungen der Bunkeraffäre langlebiger und von bedeutsameren Auswirkungen waren als das Ereignis selbst. Zahlreiche Jugendliche und Erwachsene haben sich der bis dahin weitgehend vernachlässigten Jugendproblematik zugewandt: Jugendfragen wurden politisch brisant, die Parteien zeigten ihre «Rechts–Links-Haltung» in dieser Frage deutlicher und für jedermann erkennbar. Es entstanden freiwillige und spontane Kommissionen und Aktionen aus allen Kreisen und Schichten (Vorstöße der Kirchen, Interventionen von Quartiergruppen, Einzelinitiativen etc.). Die Bunkerjugend selbst wurde aktiver und politisch engagierter. Die Behörden waren eingeklemmt zwischen Sachzwängen und Staatsräson; in den einzelnen, sich mit den Jugendproblemen befassenden Gremien (Jugendämter, Jugendanwaltschaft etc.) machte sich neben unliebsamen Verhärtungen die Tendenz bemerkbar, sich und seine Arbeit als problematisch und reformbedürftig zu empfinden. Der «politische» Charakter des Experimentes und vor allem auch seines Abbruches läßt sich aus den nachträglichen Deutungen nicht eindeutig herauslesen, so daß jede Äußerung, die sich nicht auf wissenschaftlich-statistische Methoden stützt, nicht frei von Meinung sein kann. Meinungen aber, besonders wenn sie wie in diesem Falle polarisiert vertreten werden, sind ebenso aufschlußreich, wenn man versucht, sie mit ihren jeweiligen Vertretern zu verbinden (hier Staat, Behörden, bürgerliche Öffentlichkeit; dort Bunkerjugend, «Untergrund»-Institutionen und «APO») und daraus die zugehörigen «Interessen» abzuleiten. Über die Verschiedenheit der Meinungen und deren Zusammenhang mit der Position ihrer Autoren geben die folgenden Zitate Aufschluß:
«Die Behörden haben versagt...» (Hans Steiger, Zürcher AZ, 4.1.1971)
«Für die große Mehrheit der Jugendlichen ist das Zentrum keine wirkliche Notwendigkeit, was aber nicht ausschließt, daß für die Minderheit etwas getan werden sollte und getan wird...»
(Interview mit Stadtpräsident S. Widmer, Zürichsee-Zeitung, 7.1.1971)
«Das Experiment war von vornherein von politisch interessierten Kreisen zum Scheitern verurteilt... Wie einfach ist es doch heute zu sagen: ‹Wir haben euch die Chance zur autonomen Verwaltung eines Jugendzentrums gegeben, doch ihr habt die Chance nicht zu wahren gewußt!›»
(Rita Gaßmann, Zürcher AZ, 8.3.1971)

«Die jugendliche Regie ist wahrscheinlich zur Zeit überfordert. Das Komitee des Autonomen Zentrums hat eine Aufgabe übernommen, die unter den gegebenen Umständen – Bunker statt Haus – und angesichts des unbeirrten Festhaltens am Ideal – absolute Antiautorität – im Moment kaum zu bewältigen ist. Je mehr aber die Väter die Geduld verlieren, desto sicherer scheitern in diesem Fall die Söhne...»
(Yves A. Bébié, Tages-Anzeiger, 11.11.1970)
«Die Mitglieder des Komitees haben eine schwierige Aufgabe zu erfüllen, und es liegt auf der Hand, daß in den ersten Tagen nicht alles nach Wunsch geraten kann, daß Erfahrungen gesammelt und gangbare Wege gesucht werden müssen...»
(su. in Neue Zürcher Zeitung, 12.11.1970)
«Sind wir und der Bunker etwa ein Privatexperiment des Stadtrats, das er nach eigenem Belieben abmurksen kann?»
(Flugblatt Bunker-Komitee, Dezember 1970)
«Das Experiment ist nicht gescheitert, es ist gescheitert worden.»
(Bunker-Zeitung, März 1971)
«Ein Stadtpräsident erscheint an der Vollversammlung der Autonomen Republik Bunker. Er erscheint, belastet mit der Hypothek des Ultimatums, das der Stadtrat gestellt hat und das in einigen Stunden abläuft. Trotzdem hat er das Gesicht und stellt dieses Ultimatum als gut demokratischen Antrag.»
(Kleiner Studentenrat Zürich, 8.1.1971)
«Das Experiment ist zum Scheitern verurteilt... Was im Lindenhof-Bunker entstehen kann, ist ein Jugend-Getto...»
(Paul Zürcher im Züri-Leu, November 1970)
«Die Schließung des Zürcher Bunkers löst kein Problem. Im Gegenteil: die durch das Bunker-Experiment sichtbar gewordenen, allerdings nicht durch das Jugendzentrum verursachten Probleme würden von der gesellschaftlichen in die unsichtbare Privatsphäre verdrängt und könnten so kaum mehr bewältigt werden...»
(Daniel Andreas, Weltwoche, 15.1.1971)
«Wie lange gedenkt der Stadtrat dem ‹Saubannertreiben› des Bunkerkomitees und seines Anhanges tatenlos zuzusehen?»
(Neue Zürcher Zeitung, Januar 1971)
«... aber auf den Matratzen lagen noch immer Mädchen und Burschen. Es müssen sich da wirklich etliche lichtscheue Elemente herumtreiben, die mehr als nur Gespräche wollen. Ein ordentliches Gästebuch mit Angaben über Name und Adresse und Jahrgang und Arbeitsort würde sicher weitgehend Ordnung schaffen!»
(Leserbrief im Tages-Anzeiger, 17.11.1970)

Subjektiver Erlebnisbereich I

Im folgenden seien einige Aspekte aufgezeichnet, die sich auf die Einzelerfahrungen eines Psychiaters stützen, also nicht den Anspruch auf Objektivität erheben können. Seit mehreren Jahren widme ich einen Teil meiner psychiatrischen Tätigkeit den speziellen Fragen der «neuen» Jugend, den Drogenkonsumenten, den Ausgeflippten, Langhaarigen, «Verlausten» etc. Die gewonnenen Erfahrungen und Einsichten führten naturgemäß zu einem gewissen «Engagement» für diese Jugendlichen, so daß ehrlicherweise von einem positiven Vorurteil gesprochen werden muß. Die Identifikation mit den «Objekten» einer engagierten Arbeit muß jedoch keineswegs zu einer Verminderung der Kritikfähigkeit ihnen gegenüber führen.
Etwa zwei Wochen vor der offiziellen Eröffnung des Bunkers hatte ich Gelegenheit, vor der Externen Jugendkommission des Stadtrates über Jugendfragen zu sprechen, wobei ich speziell auf die Probleme einging, die im Bunker auftreten könnten. Die anwesenden «Experten» übertrafen sich im «Verständnis» für die Jugendlichen, überraschten mich aber mit der naiv erscheinenden Frage, ob ich denn glaube, daß im Bunker das Drogenproblem aktuell werden könnte. Wer die Tendenzen und Verhaltensweisen der zur Diskussion stehenden Jugend kennt, hätte im voraus wissen müssen, daß dieses Problem auf jeden Fall auftreten würde und daß jedes spätere Erstaunen über den Drogenkonsum mangelnde Kenntnis der Verhältnisse offenbare, daß aber auch die Ansicht, die Jugendlichen könnten dieses Problem im Bunker selber meistern, einem inadäquaten Optimismus gleichkam, dessen Enttäuschung antizipiert werden konnte. Ich erinnere mich, geäußert zu haben, daß sich die Stadt – unter Berücksichtigung ihrer Ideologie – mit der Übernahme des Bunkerexperimentes ein Kuckucksei in ihr Nest gelegt habe, daß es deshalb jederzeit gelten werde, auch die entsprechenden Konsequenzen daraus zu ziehen, wenn es zu Schwierigkeiten kommen sollte. Ich meinte damit, daß man zu seinem «Mute» stehen müsse und sich nicht von den Ereignissen überraschen lassen dürfe: wer B (Bunker) sagt, muß auch A (Autonomie) sagen.
Die äußeren Fakten über Eröffnung, Anlaufszeit, erste Schwierigkeiten, Krise, Ultimatum und Schließung des Bunkers sind in der Zeittabelle dargestellt. Die Dynamik des Geschehens scheint mir (und hier äußert sich Meinung) nicht in erster Linie durch das Verhalten der Jugendlichen oder durch die Geschehnisse im Bunker selbst bestimmt worden zu sein, sondern vielmehr durch die zunehmend ablehnende Haltung der Behörden gegenüber dem ganzen Problemkomplex. Die

defensive Reaktion der Stadt mußte früher oder später in «Aktionen» umschlagen, deren letzte und entscheidende im Abbruch des Experimentes bestand. Der Druck der «öffentlichen Meinung» wurde mindestens zum Teil durch die Äußerungen der Behörden selbst verursacht (öffentliche Meinung = herrschende Meinung = Meinung der Herrschenden).

Subjektiver Erlebnisbereich II

Kurze Zeit nach der Bunkereröffnung wurde ich medizinisch-psychiatrisch mehr und mehr beansprucht, keineswegs nur wegen Drogenfragen, sondern auch wegen akuter Sozialprobleme und anderer Schwierigkeiten der Jugendlichen. Anfänglich handelte es sich um Fälle, wie ich ähnliche schon seit längerer Zeit kannte, um Anliegen und Probleme, die im «Untergrund» häufig vorkommen: Eltern, deren Kinder von zuhause wegliefen oder die Lehre beziehungsweise das Studium abbrachen; Jugendliche, die durch Einnahme von Drogen mit neuen Problemen in Berührung gekommen waren und bei deren Lösung erfolglos blieben. Als sich die Zahl solcher Fälle häufte und als Aufenthaltsort immer häufiger der Bunker genannt wurde, fand ich es ratsam, fast täglich im Bunker vorbeizugehen und für Konsultationen zur Verfügung zu stehen. Über die Organisation Speak-out wurden mir täglich mehrere Fälle zugewiesen. Unter den Bunkerbesuchern entwickelte sich eine große Hilfsbereitschaft, wenngleich diese Hilfe oft einseitig und laienhaft war. Wir begegneten in der Hauptsache folgenden Problemen:

- Probleme, die den Ablauf des täglichen Geschehens im Bunker beeinflußten, zum Beispiel alkoholisierte Jugendliche, schwierige Charaktere, streitbare Einzelpersonen oder Gruppen;
- soziale Fragen, wie Berufsprobleme, Auseinandersetzungen mit Eltern, Vorgesetzten oder Behörden;
- Beziehungsprobleme, zum Beispiel Kontaktstörungen, Streit mit Freund oder Freundin etc.;
- Drogenprobleme im Zusammenhang mit dem Auftauchen bisher unbekannter Stoffe und dem Auftauchen von «Händlern», die vom Komitee energisch bekämpft wurden.

An Wochenenden häuften sich die Fälle von «schlechten Trips», das heißt pathologischen Erscheinungen nach Drogen- und Alkoholkonsum, was Erste Hilfe und Betreuung erforderte. Immer wieder war ich erstaunt, wie sachlich und ruhig die Verantwortlichen sich einschalte-

ten und auch eventuelle Nachbetreuungen übernahmen. Auch war ich überrascht, daß sich Abend für Abend neue Helfer einfanden: Pfarrer, Sozialarbeiter, Angestellte der Jugendämter, Gemeinderäte und Passanten. Oft wurden im Bunker Begegnungen zwischen Jugendlichen und Eltern vermittelt. Es kam vor, daß sich die Partner nach Wochen zum ersten Mal wiedersahen und sich unter neutraler Führung aussprechen konnten. Allgemeine medizinische Probleme, wie chronifizierte Infektionen, Geschlechtskrankheiten und Fragen der Empfängnisverhütung, wurden andern Ärzten zugewiesen. Wo sich juristische Fragen, vorwiegend zivilrechtlicher, selten strafrechtlicher Natur stellten, nahm man Kontakt mit Juristen auf. In vielen Fällen ließen sich unvernünftige Kurzschlußhandlungen von Jugendlichen durch therapeutische Gespräche oder Gruppenbetreuung vermeiden. Die Zahl der zu betreuenden Fälle stieg ständig an, erfreulicherweise aber auch die Schar der hilfsbereiten Jugendlichen und Erwachsenen. Die Gesamtheit der Probleme vermittelte allen Beteiligten überraschende Einsichten in die Vielfalt und Komplexität psychischer, sozialer und körperlicher Leiden einer Jugend, die man bis anhin oft als «psychopathisch» oder «haltlos» qualifiziert hatte.
In der Krisenzeit des Bunkers und auch nach dessen «Besetzung» führte ich die Arbeit fort und versuchte, vermittelnd einzugreifen. Dies trug mir in der Presse bald den Namen «Untergrund-» oder «Bunkerpsychiater» ein – bei gewissen Polizisten, die den Bunker bewachten, auch die Bezeichnung «Viehdoktor».

«Negative» Aspekte des Bunkers

Wenn von «negativen» Aspekten die Rede ist, muß immer berücksichtigt werden, wer die Wertung vornimmt und was für Interessen damit verbunden sind. Gleiches gilt natürlich auch für «positive» Bewertungen. Niemand kann leugnen, daß Schwierigkeiten entstanden sind; aber man kann sich die Frage stellen, inwiefern diese Schwierigkeiten nicht schon vorher bestanden und im Bunker lediglich polarisiert und konzentriert zum Ausdruck kamen. Außerdem stellt sich die Frage, ob die Gewichtung der verschiedenen Symptome in der Presse der realen Problematik entsprach, um so mehr als die tatsächlich entscheidenden Faktoren des Jugendproblems nicht a priori auch von entsprechendem Publizitätswert sein müssen.
Die hauptsächlich ausgeschlachteten Negativ-Aspekte waren:

- Der Konsum und Vertrieb von Drogen im Bunker, besonders hochgespielt anläßlich der Razzia kurz vor Schließung des Bunkers. Jeder Kenner weiß, daß die Ergebnisse dieser Razzia im Hinblick auf die Drogenverhältnisse in Zürich äußerst mager waren.
- Das Problem der Minderjährigen, der Schulpflichtigen.
- Die Angst vor einer Politisierung der Jugendlichen beziehungsweise vor einem «Mißbrauch» des Bunkers zu linksoppositionellen Zwecken.
- Die Tatsache, daß von der Polizei und den Behörden gesuchte Jugendliche im Bunker untertauchen konnten, die Arbeit der Polizei dort erschwert war und daß zahlreiche Jugendliche dies benützten, nachdem sie aus Heimen oder der eigenen Familie ausgebrochen waren.
- Die Zunahme des Anteils von «außerstädtischen» Jugendlichen.
- Die unzulänglichen hygienischen Verhältnisse, besonders verschärft durch die zunehmend häufigeren Übernachtungen.
- Reklamationen von Nachbarn über Lärm und Belästigungen.
- Der «mangelnde» Dialog unter Jugendlichen sowie zwischen Jugendlichen und Erwachsenen; die «Programmlosigkeit» des Bunkerbetriebs.
- Die 24stündige Öffnungszeit mit ihren hygienischen, jugendfürsorgerischen und schuldisziplinarischen Nebenwirkungen; damit sicher auch verbunden: sexuelle Durchmischung, «Libertinage».
- Die zunehmende politische Zuspitzung der Lage; die Schwierigkeiten der Stadt, einerseits ihren Einfluß im Bunker auszuüben, andererseits das Experiment gegenüber einer «aufgebrachten» (durch wen?) Öffentlichkeit zu rechtfertigen.
- Die zunehmende Polemik der Presse über die mangelnden Einrichtungen, gegen die «Autonomie» beziehungsweise «Anarchie».
- Die Hilflosigkeit der Eltern und Behörden vor den Verlockungen der Bunkerkultur.

Zur Sexualität im Bunker läßt sich folgendes sagen: Der intensive Kontakt und die gruppendynamischen Gesetzmäßigkeiten brachten besonders bei den Minderjährigen Probleme mit sich. Es muß aber unterschieden werden zwischen echten Sexualproblemen und scheinbaren, die nur in den Augen der bürgerlichen Gesellschaft bestehen. Bei ungenügend aufgeklärten Minderjährigen mögen Verführungen vorgekommen sein. Juristisch ist dies ein eindeutiges Problem, das sich aber auch im Zürcher Niederdorf, bei Tanzanlässen, in Ferienlagern usw. stellt. Ich glaube nicht, daß Verführungen im Bunker Vorschub geleistet wurde. Im Gegenteil: Durch die Gruppensituation bedingt, wurde vieles sichtbarer; dank den Betreuungsmöglichkeiten konnten sexuelle Probleme offen besprochen werden. Es ist mir jedenfalls kein Fall einer im Bunker entstandenen Schwangerschaft bekannt, wohl aber ließen sich viele Jugendliche über Intimfragen beraten. Daß die bürgerliche Presse von «Gruppensex» und «Orgienstimmung» schrieb, wird niemanden erstaunen, der die doppelte Moral unseres sich aufgeklärt gebärdenden Zeitalters kennt. Das sexuelle Problem der Jugend blieb vor, während und nach der Bunkerzeit dasselbe. Durch die Schaffung von Begegnungsstätten wird es zwar optisch vergrößert, in seinem kritischen Gehalt aber reduziert.

Man kann die Problematik einiger der oben genannten Einwände nicht bestreiten oder bagatellisieren. Dennoch stellt sich die Frage, ob der große Teil dieser Probleme wirklich neu war; sie wurden in unzulässiger Art und Weise mit dem Bunker kausal verknüpft. Die Verpflichtungen, welche die Behörden der Leitung des Bunkers auferlegten, umfaßten im wesentlichen folgende Punkte:

- Kontrolle von Minderjährigen und deren Fernhaltung vom Abend- und Nachtbetrieb;
- Reduktion des Drogenkonsums;
- Meldung von strafrechtlichen Tatbeständen (wobei gewisse Ausnahmen vorgesehen waren);
- Kontrolle über eventuellen Lärm in der Umgebung des Bunkers;
- Wahrung der Hygiene im Bunker;
- Unterstützung der Polizei und der Behörden bei Fahndungen etc.

Man muß kein Bunkerfan sein, um zu erkennen, daß fast alle der genannten Verpflichtungen das Komitee überforderten. Auch die best-ausgerüstete und bestorganisierte Polizei löst diese Probleme nicht: in Zürich – und auf der ganzen Welt – wird weiterhin gehascht, gebumst, gelärmt und weiter unhygienisch gelebt. Das Komitee und die Hilfsorganisationen gaben sich im Rahmen ihrer Möglichkeiten alle Mühe, die gestellten Anforderungen zu erfüllen. Ich habe gesehen, daß man Drogenhändler hinauswarf, Radaubrüder zurechtwies und Minderjährige wenn möglich nach Hause schickte. Dem Vorwurf von Behördemitgliedern, Lehrern und Eltern über zunehmende Disziplinlosigkeit und Absenzen in der Schule ist die Frage entgegenzuhalten, wieso viele Jugendliche auf Verführungen derart anfällig sind, und warum es den «Autoritäten» des Alltags nicht gelingt, Gegengewichte zu schaffen.

Oft bestand die Überforderung der Jugendlichen auch darin, daß man ihnen zumutete, Ereignisse als negativ anzusehen, denen sie eher positiv gegenüberstanden und deren Beurteilung auch für Erwachsene eine Ermessensfrage ist. Die disziplinarischen Bemühungen und die lang-

sam entstehenden Sozial- und Selbsthilfeorganisationen der Jugendlichen wurden zuwenig gewürdigt. Ich möchte nur die folgenden nennen:
- die Sozialhilfe des Bunkerkomitees;
- die sich täglich erweiternden Aufgaben und Hilfsdienste des Speakout;
- das «Rocker-Zentrum»;
- die «Rote Hilfe» der politischen Gruppen;
- die damals noch auf dem Boden der Legalität operierende «Heimkampagne»;
- die kurz vor Bunkerschließung ins Leben gerufene «Psycho-Hilfe» durch geschulte Fachleute (Psychologen, Sozialpsychiater und Psychotherapeuten);
- das Netz von Ärzten, Juristen, Sozialarbeitern und Mitgliedern der Jugendbehörden.

Hier nicht genannt sind alle Einzelinitiativen aus der Bevölkerung, die in irgendeiner Form Hilfe, Betreuung oder Unterstützung für die Sozialarbeit leisten wollten. Lange bevor alle Möglichkeiten zum Dialog ausgeschöpft waren, entstand zwischen Stadt und Bunkerkomitee ein Klima, in welchem jede Partei der andern «mauvaise volonté» unterschob.

Das Experiment wurde meines Erachtens von den Behörden – die freilich unter öffentlichem Beschuß standen – zu rasch aufgegeben. Sie verloren den Kopf, zeigten vorzeitig einen harten Schädel. Damit hat die Stadt in den Augen ihrer Bürger wohl *richtig*, in den Augen kritischer Beobachter jedoch keineswegs *gerecht* gehandelt. Im Bunker häuften sich nämlich zunehmend soziale Härtefälle. Daß man überhaupt darangehen konnte, sie in neuer und wirksamer Weise zu bearbeiten, ist weitgehend der Existenz des Bunkers zu verdanken. Dazu zwei exemplarische Beispiele:

Peter, sechzehnjährig, Sohn einer gutsituierten bürgerlichen Familie.

Er war schon immer ein Problemkind, hatte Mühe in der Schule, befand sich in kinderpsychiatrischer Behandlung, dann zunächst in therapeutischen, später in Erziehungsheimen.

In der Berufslehre scheiterte er, kam wieder zur Familie zurück, arbeitete im Geschäft des Vaters – jedoch ohne Konstanz.

Peter hat enorme Beziehungsschwierigkeiten und zeigt einen starken Hang zu «Prestigehandlungen» vor seinen Kameraden. Gute Intelligenz. Seit etwa einem Jahr Kontakt mit Drogen und Teilnahme an der Welt des «Untergrundes».

Trotz zahlreichen Bekanntschaften blieb er isoliert, ließ die Zeit an sich vorbeiziehen und war gelangweilt.

Er tyrannisierte die Familie mit seinen Problemen, war zuhause rücksichtslos und schien die jüngeren Geschwister ungünstig zu beeinflussen. Er war nirgendwo richtig zuhause, fühlte sich nirgendwo wohl. Seine Sexualbeziehungen waren oberflächlich und von kurzer Dauer. Er wurde im Bunker praktisch zum Dauergast, war ständig berauscht oder dann so depressiv, daß er eine helfende Person um sich haben mußte. Im Speak-out-Raum wurde er mit unglaublicher Geduld immer wieder betreut. Er litt unter akuten Rauschzuständen, gefährlichen Verleiderstimmungen und vernachlässigte seine Gesundheit immer mehr (aß nicht mehr richtig, rauchte sich eine chronische Bronchitis an). Man ließ den Arzt herbeirufen, der bereits von den ratlosen und überforderten Eltern aufgesucht worden war.
Wohin mit diesem Jungen?
Wegen eines Drogendeliktes stand Peter vor dem Jugendanwalt. Seine Versorgung war zu befürchten. Der Bunker bot keine umfassende Hilfe, doch konnte sich Peter hier wenigstens aufhalten, überwacht und umsorgt werden; man konnte hier versuchen, gesprächstherapeutisch auf ihn einzuwirken. Dank dem Speak-out ergab sich die Möglichkeit, ihn in einem Bauernhaus fern vom gefährlichen Stadtmilieu unter ständiger Betreuung unterzubringen und die medizinische Überwachung zu sichern.
Das Experiment verlief während fünf Wochen befriedigend, dann ging Peter zurück in die Stadt. Man wußte nie, wo er war; der Bunker war geschlossen; es gab keine Betreuerorganisation mit den früheren Möglichkeiten mehr. *Man hat Peter aus den Augen verloren und muß das Schlimmste befürchten.*

Brigitte, fünfzehnjährig, aus einfachen Verhältnissen. Vater Gelegenheitstrinker, Mutter nervös und labil. Schwierigkeiten in der Schule, mußte einmal repetieren. Lief in den letzten Jahren mehrmals von zuhause weg, trieb sich herum, wurde den Eltern von der Polizei zurückgeführt. War selbst labil, schwaches Durchsetzungsvermögen, wenig Ausdauer, sehr beeinflußbar. Hing schwärmerisch der «Beat-Welt» an, machte sich in unkritischer Weise Schlagwörter zu eigen. Kam völlig hilflos in den Bunker und ließ sich treiben. Wurde aus Kontaktmotiven von einem Siebzehnjährigen aufgenommen. Dieser sah bald, daß er den Problemen des Mädchens nicht gewachsen war. Wandte sich ans Speak-out, das nach geduldigen Versuchen den Psychiater zu Rate zog. Es war klar, das Mädchen war im Bunker – aber auch anderswo – gefährdet. Was tun? Zunächst war es unmöglich, Brigitte zur Rückkehr nach Hause zu bewegen; außerdem war sie noch schulpflichtig und sicher zur Fahndung ausgeschrieben. Ein zielloses Davonlaufen war zu befürchten. Während ihres Aufenthaltes im Bunker wurde für Nahrung und minimale Hygiene gesorgt, das Mädchen auch hinsichtlich Sex und Drogen offen beraten. Nach etwa sechs Tagen nahm man mit den Eltern Kontakt auf. Diese waren zunächst unwillig, unkooperativ. Schließlich ließen sie sich überreden, in den Bunker zu kommen, um die Sache zu besprechen. Nach halbstündiger gegenseitiger Beschimpfung von Eltern und Tochter wurde die Diskussion vom anwesenden Betreuer gesteuert. Es ergab sich eine bessere Gesprächsbasis. Tochter und Eltern sahen ein, daß sie im gegenseitigen Verständnis überfordert waren. Es wurde vereinbart, daß Brigitte nach Hause zurückkehre, aber regelmäßig in den Bunker kommen dürfe. Anschließend wurde im Einverständnis von Eltern und Tochter mit dem zuständigen Jugendamt Verbindung aufgenommen. Der verständige Beamte schloß sich den angebahnten Hilfebemühungen an und war bereit, in ihm «unkonventionell» erscheinender Weise Hilfe zu leisten. Eine wichtige Krise war überwunden. Es bestand Hoffnung, mit vereinten Kräften könnten die Probleme gelöst werden. Soviel ich weiß, geht es Brigitte heute zufriedenstellend. Nach wie vor ist sie indessen ein gefährdetes Mädchen, aber der Dialog nach verschiedenen Seiten ist angebahnt – der Bunker als Stelle der Betreuung existiert allerdings nicht mehr.

«Positive» Ansätze und Möglichkeiten des Bunkerexperimentes

Wie die Betonung negativer, so hängt auch die Hervorhebung positiver Momente vom Standpunkt des Beurteilers ab. Neue, positive Entwicklungen können sich erst nach längerer Zeit abzeichnen, da sie reifen und sich stets korrigieren müssen. Die negativen Folgen des Bunkers dagegen sind aufgrund der schon bestehenden Wertskalen sofort erkannt worden. Ein Experiment verlangt eine gewisse Zeitspanne, bevor positive und negative Aspekte gegeneinander abgewogen werden können. Im folgenden seien stichwortartig einige der konstruktiven Ansatzpunkte des Bunkerexperimentes erwähnt:
- Die Ballung und räumliche Konzentrierung zahlreicher Probleme oppositioneller Jugendlicher.
- Die neuen Identifikationsmöglichkeiten für Jugendliche, welchen zur Strukturierung ihrer Persönlichkeit Fixpunkte fehlten.
- Die Jugendlichen fühlten sich beim Besuch des Bunkers in ihrer Haltung nicht immer bestätigt, sondern wurden durch die neu erlebte Realität oft stark verunsichert.

- Probleme irgendwelcher Art wurden offen gezeigt und ausgesprochen, selbst wenn sie erst im Bunker «entstanden».
- Die Möglichkeit zur Behandlung von Problemen war im Sozialdienst, im medizinischen Dienst des Speak-out und in anderen Gruppen vorhanden. Nie zuvor – und auch nicht mehr nachher – konnte betreuerisch und therapeutisch so rasch und wirkungsvoll gearbeitet werden.
- Der einzelne lernte neben seinen eigenen Problemen auch diejenigen anderer Jugendlicher kennen, konnte sich mit ihnen identifizieren oder sich von ihnen distanzieren.
- Der Autonomiebegriff wurde mit der Zeit nicht mehr nur im antiautoritären Sinne, das heißt antagonistisch, verstanden.
- Man erkannte nämlich die Notwendigkeit von Disziplin, Ordnung und Pflichten in der Selbstverwaltung, wobei deren Durchführung nicht immer den bürgerlichen Normen entsprach.
- Die Diskussionen in Kleingruppen ohne Leiter: Vom gruppendynamischen Standpunkt aus ist diese Form der Diskussion fruchtbarer als vororganisierte und von einem Leiter beherrschte Gespräche.
- Viele Fachleute fanden im Bunker erstmals Gelegenheit, eine ihnen fremd gebliebene Welt zu erleben. Die Selbstverwaltung stieß nämlich bald auf Schwierigkeiten, so daß Kontakte mit «etablierten» Fachleuten der «Außenwelt» aufgenommen wurden.
- Die Vermittlungen der Sozialdienste, durch welche viele Aussprachen zwischen entlaufenen Kindern und deren Eltern zustande kamen. Die Fälle, in denen die Forderungen der Jugendlichen nicht erfüllt werden konnten, wiesen auf das Vorhandensein echter Probleme hin, die sich nicht mit Schlagworten lösen lassen.
- Viele Eltern ließen sich im Bunker orientieren und beraten.
- Jeder Bürger der Stadt Zürich hatte im Bunker Gelegenheit zu sehen, was er bisher nur aus Zeitungen kannte. Er konnte sich in Diskussionen verwickeln lassen und von seinen persönlichen Erziehungsidealen vielleicht etwas abrücken. Diejenigen Leute, die im Bunker kaltes Grausen befiel, hatten wenigstens Gelegenheit zu sehen, was es an «Schrecklichem» wirklich gibt.
- Die Drogenproblematik wurde für alle Beteiligten aktuell. Es entstand eine Art «Drogenhygiene»: Vor schlechten Stoffen wurde gewarnt, man lernte die Dealer kennen und konnte vor allem diejenigen, die nach Ansicht der Konsumenten unverantwortlich handelten, oft ausschalten.
- Die Politisierung der Jugendlichen mag von außen her gesehen problematisch sein. Man weiß aber auch aus andern Ländern, daß intensive politische Interessen Kontakte schaffen und den **Drogen-**

konsum einschränken. Die Politisierung besteht – wenn sie ehrlich und offen betrieben wird – auch darin, dem Jugendlichen seine Position innerhalb der Gesellschaft einsichtig werden zu lassen und ihn aus einem oft beziehungslosen Individualismus herauszureißen. Daß es dabei meistens zu einer Gesellschaftskritik kommt, liegt wohl nicht nur an den Agitatoren, sondern auch an der Gesellschaft selbst.

- Der «Kleinstaat Bunker» wäre eine Chance gewesen, die Idee des Staates in all seinen Nuancen besser zu verstehen, wenn sich ihm der reale Staat nicht so rasch und vehement entgegengestellt hätte. Daß sich schon bald eine Solidarität nach außen aus der Defensive gegenüber der Stadt entwickelte, ging auf Kosten der Möglichkeit, eine vorwiegend nach innen gerichtete Solidarität zu entwickeln. Im Innern des Bunkers waren genügend Widersprüche und Interessenkonflikte vorhanden, die es zu lösen gegolten hätte. Wäre nicht gerade hier mit der Zeit ein Demokratisierungsprozeß entstanden? Die Vollversammlungen ließen viele Jugendliche erstmals eigene Verantwortung empfinden und riefen ein Gefühl des «Betroffenseins» wach.
- Die Schaffung eines autonomen Freiraumes machte vielen Jugendlichen erstmals das Problem der Freizeit deutlich.
- Die Konfrontationen mit einzelnen Polizisten und Behördemitgliedern führten nicht nur zu ablehnenden Haltungen oder zur Verstärkung von Vorurteilen: Die Jugendlichen lernten zu differenzieren und waren oft bereit, gewisse Allianzen zu akzeptieren; aber auch Vertreter des «Establishments» wurden zu direkten Konfrontationen gezwungen und mußten ohne den Schutz ihrer Stellung Lösungen finden.

Man mag die eben aufgezeigten positiven Ansätze als idealistisch abtun und auf die viel konkreteren negativen Aspekte hinweisen. Wenige der angeführten positiven Möglichkeiten konnten sich voll entfalten, da die Selbstbehauptung gegen außen im Vordergrund der Aktivitäten stand und einen Großteil der Energien absorbierte. Unter dem Druck einer aufgebrachten Öffentlichkeit mußte der Stadtrat oft drastischer durchgreifen, als viele aufgrund von Einzelgesprächen von ihm erwarteten. «Öffentlichkeit» ist ein vager Begriff und kann als solcher provoziert und manipuliert werden; vor allem aber kann man die Öffentlichkeit immer dann als «Argument» heranziehen, wenn die Argumente im Dialog versiegen.

Die Bunkertüre, durch die kurzfristig der Lichtschimmer einer langfristigen, konstruktiven Jugendemanzipation drang, ist heute verriegelt. Die Stadt aber, die das Experiment anfänglich mutig unterstützte, ist über ihren eigenen Schatten gestolpert.

Oskar Ruf
Autonomie und Selbsthilfe

Spiegelung von Anliegen und Problemen der Bunkerbesucher
bei den Betreuern der Organisation Speak-out

1. Berührung mit dem «Autonomen Jugendzentrum Lindenhofbunker»

Berührung mit dem Phänomen Lindenhofbunker hatte ich fast ausschließlich durch die im Herbst 1970 gestartete Selbsterfahrungsgruppe von Betreuern aus dem Speak-out, einer Organisation von Jugendlichen und jungen Erwachsenen, welche notleidenden und in Schwierigkeiten geratenen Bunkerbesuchern unentgeltliche Hilfe leistete. Eine Selbsterfahrungsgruppe ist eine Gruppe, meist mit acht bis vierzehn Teilnehmern, die Erfahrung eigener Verhaltensweisen und eigener Wesensart durch Konfrontation mit andern anstrebt. Problembewußtsein und Problemverarbeitung wird durch Begegnung gesucht. Dabei soll jeder möglichst von sich selbst sprechen, von seinen Schwierigkeiten, von seinen Störungen und Empfindungen, von seinen Wünschen gegenüber andern. Unter den Fachleuten, die vom Speak-out zur Erfüllung der Betreuungsaufgabe beigezogen wurden – Juristen, Mediziner, Psychiater und Psychologen – gehörte ich zu jenen, die Selbsterfahrungsarbeit im erwähnten Sinne angeboten hatten. Die Möglichkeit einer Psychotherapiegruppe von ausgewählten Bunkerbesuchern wurde besprochen, doch war es naheliegend, zunächst mit einigen Speak-out-Mitgliedern selbst diese Arbeit aufzunehmen.
Gelegentlich kamen Jugendliche in meine psychologische Praxis, die hin und wieder im Bunker verkehrten, in der Regel Schüler oder Studenten mit Lernstörungen oder Elternkonflikten. Ihnen bot der Bunker Zuflucht zu Gleichgesinnten, eine ungestörte Atmosphäre, so, wie sie diese auch außerhalb des Bunkers in privatem Freundeskreise längst gefunden hatten: sie fühlten sich wohl, hörten Schallplatten an und schlossen sich dabei gegen Umwelteinflüsse möglichst hermetisch ab. Es gab solche, die durch Haschisch und andere Drogen versuchten, zu sich selbst zu gelangen, ihre Probleme zu klären. Die meisten hatten Mühe im Umgang mit Gleichaltrigen, fürchteten jede Auseinandersetzung und waren auch im Bunker unter vielen eher allein. Manche scheint das Alleinsein im Bunker – bei solchen gelegentlichen Besuchen – nicht weiter betroffen zu haben. Der Ort und die Atmosphäre waren wichtig.
Gespräche in Einzelstunden und Beobachtungen in der Selbsterfahrungsgruppe förderten zutage, was Jugendliche hemmt, sich in unserer Gesellschaft zu behaupten: eine relativ große Angst vor der Konfrontation mit jeglicher Art von Autorität. Sie haben in vielen Fällen kein Elternhaus gekannt, das die Auseinandersetzung begünstigte. Sie stehen den Anforderungen der Karrieregesellschaft hilflos gegenüber. Sie

wissen nicht, wer sie sind, haben deshalb Angst vor der Auseinandersetzung untereinander. Ich möchte diese Angst vor allem als ein Gruppenphänomen (vgl. Text H.-P. Müller, S. 32) darstellen. Vor jeder weiteren Betrachtung dieser Tatsache gilt es, die bisherige Entwicklung der erwähnten Selbsterfahrungsgruppe zu schildern, und zuallererst zu klären, wie in dieser Untersuchung der Ausdruck «Autonomie» verstanden wird. Im Untertitel ist angezeigt, daß der Schwierigkeit Jugendlicher nachgegangen werden soll, die Autonomie anstreben. Das Thema ergibt sich aus dem Namen «Autonomes Jugendzentrum». Wir werden hier das Problem «Autonomie» nicht im juristischen Sinne verfolgen, also nicht in dem Sinne des Wortes, daß die Gesellschaft den Jugendlichen einen selbständig zu verwaltenden Ort zugesteht und garantiert, sondern wir fragen nach der psychischen Selbständigkeit, die Selbstverwaltung erst ermöglicht.

2. Bericht über die Selbsterfahrungsgruppe mit Speak-out-Mitgliedern

In der ersten Sitzung dieser Gruppe, die ich weiterhin mit meiner Frau zusammen leite, stellte ich das Gesprächsthema: «Welchen Schwierigkeiten begegne *ich* im Speak-out?» Aufgrund der Themenstellung war das Gespräch unter den dreizehn erschienenen Mitgliedern rasch im Gange und offenbarte bei einzelnen Teilnehmern ein relatives, bei andern ein vollständiges Überfordertsein. Die Betreuungsarbeit war ihnen über den Kopf gewachsen. Es gab im Bunker Jugendliche, deren Probleme dem Betreuer eine derartige Last wurden, daß er dem «Fall» nicht gewachsen war. Das Gespräch in der Gruppe drehte sich ausschließlich um den Konflikt, der für einzelne aus der Betreuungsaufgabe entstanden war, und berührte damit verbundene Schwierigkeiten innerhalb des Speak-out. Wer überfordert ist, neigt zunächst dazu, sich durch Kritik an der Kooperation zu entlasten. So kam es zu Meinungsverschiedenheiten hinsichtlich Aufgabenverteilung, persönlichen Einsatzes und Führung von Anfängern. Diese Fragen hatte der Club Speak-out bereits wiederholt in Wochenend-Meetings zu klären versucht. Um das Gespräch sinnvoll zu gestalten, wurden aufgrund gruppendynamischer Richtlinien Kleingruppen gebildet, die dann in einer Plenarsitzung kooperieren sollten. Die Erfahrung lehrt, daß mit interner Leitung solche Kooperationsversuche eher scheitern als gelingen, weil ein interner Leiter immer in die Konflikte miteinbezogen ist. «Autonome» Arbeit war bereits da, innerhalb des Speak-out, in Frage gestellt. Deshalb war ein Teil der damaligen Betreuer bereit, den aufgetretenen Schwierigkeiten mit Hilfe eines Therapeuten in einer Selbsterfahrungsgruppe zu begegnen. Der zweite Gedanke, der dazu führte, hieß: Wir müssen uns selber besser kennen- und verstehenlernen, damit wir unserer Aufgabe als Betreuer besser gewachsen sind.

Der Verlauf der Selbsterfahrungsarbeit bis heute läßt sich in vier Phasen einteilen. Die erste Phase von wenigen Sitzungen war entscheidend für das weitere Verbleiben in der Gruppe. Die unerledigten internen Spannungen im Speak-out spiegelten sich sogleich in der Gruppe. Mitglieder unserer Selbsterfahrungsgruppe, die im Speak-out führend waren, wurden angegriffen. Die Rollenverteilung innerhalb unserer Gruppe war zunächst dieselbe wie in der Selbsthilfeorganisation. Dieser Situation waren zwei etwa sechzehnjährige Mädchen nicht gewachsen, sie schieden bald aus der Gruppe aus. Die Auseinandersetzung wurde nicht persönlich geführt, es wurden Maßnahmen der Speak-out-Führung kritisiert. Den persönlichen Konflikten, die einzelne miteinander hatten, wurde aus dem Wege gegangen. Diese ersten Sitzungen dienten uns Gruppenleitern auch dazu, die Teilnehmer kennenzulernen und unser Vorgehen, die Art, die Gruppe zu leiten, auf deren Bedürfnisse abzustimmen.

Die zweite Phase war dadurch gekennzeichnet, daß die Konflikte innerhalb des Speak-out die Sitzungen immer weniger bestimmten. Dies geschah zum Teil aus der wachsenden Einsicht, daß es in der Selbsterfahrungsgruppe um persönliche Begegnung geht, zum Teil aufgrund der Tatsache, daß einige Gruppenmitglieder ihre Tätigkeit beim Speak-out abbauten oder ganz aufgaben. Ein weiteres Merkmal dieser Phase bestand darin, daß keine Themen mehr gegeben wurden. Die Sitzungen begannen regelmäßig mit längerem Schweigen, das bei einigen Unlust verursachte. Die Gruppe befand sich in einer starken Erwartungshaltung gegenüber den beiden Gruppenleitern. Zögernd wurde Kritik an mir geäußert, der ich mich zurückhaltender gab als meine Frau. Es wurde über die Funktion eines Gruppenleiters in einer Selbsterfahrungsgruppe diskutiert. Die Gruppe beschäftigte sich auch mit der Frage nach dem Sinn dieser Zusammenkünfte. Unsere Anregung, über persönliche Probleme zu sprechen, brachte einige dazu, ihre Studien- oder Schulprobleme darzulegen, vom Elternhaus, von Freundschaften usw. Zugleich löste dies in der Gruppe Erleichterung oder Angst aus. Wurde die Angst zu groß, begann die Gruppe regelmäßig rein theoretisch zu diskutieren. Offensichtlich fiel es diesen jungen Menschen nicht leicht, von sich selbst zu sprechen. Selten begann einer einen Satz mit «ich»; das «man» herrschte vor. Die Erzählungen waren sehr oft von eigenen Überlegungen vollständig verstellt, ein schlichtes Erzählenkönnen mußte erst gefördert werden. Bei allem Geschehen in der Gruppe war ein schüchternes gegenseitiges Abtasten zu beobachten, ein Ausweichen vor der eigentlich gesuchten Kooperation in ein Gespräch über aktuelle Themen. Gleichwohl wurde immer wieder hartnäckig der Wunsch nach Selbsterfahrung laut: «Ich möchte hier gerne eine Selbsterfahrung machen, mich besser kennenlernen, aber diese Gruppe verhindert es.» Es war offensichtlich, daß der Vorwurf den Gruppenleitern galt. Es zeigt sich in solchen Gruppen immer wieder, daß die Teilnehmer ihre Bedürfnisse anonym befriedigen möchten, ein anderer sollte die Initiative übernehmen, die andern sollten merken, was einer gerne erfahren möchte. Das Wagnis, zu sich selbst zu stehen, konnte noch keiner auf sich nehmen.

Die Gruppenleiter beschlossen, auch non-verbal mit den Jugendlichen zu arbeiten, vermittels Bewegungsübungen aus der konzentrativen Bewegungstherapie nach Goldberg und Stolze. Die Gruppe nahm dies freudig auf. Die Übungen, die meine Frau leitete, bestanden darin, die Begegnung durch Bewegung in Gang zu bringen, etwa dadurch, daß die Gruppenmitglieder blind im Raume zu gehen hatten und aufgefordert wurden, mit dem nächsten, dem sie begegneten, Kontakt aufzunehmen. Weitere, ähnliche Übungen wurden durchgeführt, auch sitzend (Rücken an Rücken) usw. Ich hielt mich als Beobachter eher heraus. Das wurde festgestellt und kritisiert, über die intensiven Erlebnisse dagegen wenig gesprochen. Ich entzog mich der Kritik nicht, sagte der Gruppe, ich sei unsicher gewesen, hätte mich zu schützen gesucht vor den möglichen Ansprüchen, auch ein Gruppenleiter habe seine Unsicherheiten. Aufgrund dieses Bekenntnisses konnten einige Teilnehmer ihre Furcht vor mir etwas verringern, andere fühlten sich sichtbar entlastet. Damit begann für die Gruppe eine dritte Phase, die völlig anders verlief als die bisherigen. Die Gruppenleiter führten eigentliche Fragestunden ein, diskutierten mit den Jugendlichen über ihre ideologischen Vorstellungen, ihre gesellschaftskritische Haltung; ich erzählte zum Teil ausgiebig aus meiner Praxis. Diese Sitzungen scheinen mir wichtig gewesen zu sein, weil sie einerseits das herausbrachten, was die Gruppenmitglieder zu diesem Zeitpunkt wirklich zu geben bereit waren, und weil sie anderseits zu einem kollegialen Verhältnis führten zwischen Gruppenleitung und Mitgliedern. Ich bespreche diese Situationen deshalb so ausführlich, weil sie exemplarisch zeigen, daß Erwachsene im Umgang mit Jugendlichen bereit sein müssen, ihre Haltungen zu modifizieren und den Bedürfnissen junger Menschen anzupassen, damit ein Arbeitsbündnis zustande kommt.

Die vierte Phase wurde von einem bisher eher schweigsamen Mitglied, einer Studentin, eingeleitet. Sie sagte: «Ich vermisse seit langem das Schweigen, das anfänglich zu Beginn der Sitzungen herrschte. In diesem Schweigen bin ich jeweils derart unter Druck gekommen, daß mir immer deutlicher wurde, ich müsse reden, und zwar über mich selbst.» Sie bat die Gruppenleiter, dieses Schweigen wieder einzuführen. Seither arbeitet diese Gruppe als wirkliche Selbsterfahrungsgruppe. Alle Teilnehmer begannen nun, von sich selbst zu sprechen und ungehemmt ihre Probleme darzustellen. Die Konflikte mit dem Elternhaus und mit Vorgesetzten, Studien- und Arbeitsschwierigkeiten zeigten sich erstmals in ihrer ganzen Tragweite. Mit diesen Erlebnissen konnten sich alle Mitglieder identifizieren; die gefühlsstarken Berichte führten zu einer echten Gruppeneinheit. Die früher angstvoll abgewehrte Auseinandersetzung wurde erst jetzt möglich. Die Jugendlichen konnten sich gegenseitig in Frage stellen, versuchten, die individuellen Probleme zu verstehen, gaben sich Hinweise über ihr Verhalten in der Gruppe und begannen, neue Verhaltensweisen zu entwickeln, die ihnen selbst gemäßer waren und die sie befähigten, den Empfindungen der andern vermehrt Rechnung zu tragen. Auch die früher zurückgehaltene Angriffslust trat jetzt zutage. Es zeigte sich, daß sie nicht zerstört, sondern im Gegenteil Beziehungen verstärkt.

Was in dieser Gruppe geschah, streben viele Jugendliche an. Das wird auch aus dem Wunsch nach Selbsterfahrungsgruppen an unseren Universitäten deutlich, einem Wunsch, dem noch viel zuwenig entsprochen wird. Die Möglichkeit ist nicht von der Hand zu weisen, daß Jugendliche diese Art der Begegnung bewußt oder unbewußt auch im Bunker gesucht haben. Offensichtlich war sie dort jedoch nicht möglich. Weshalb nicht, versuche ich zu beantworten.

3. Aspekte zum Thema «Autonomie», die sich aus der Schilderung der Selbsterfahrungsgruppe ergeben

Ich bin von der Tatsache ausgegangen, daß sich im Erleben und Verhalten, in den Schwierigkeiten der damaligen Bunkerbetreuer, mit denen ich in der Selbsterfahrungsgruppe arbeiten konnte, einiges von den Problemen und Nöten der Bunkerbesucher spiegelte. Das Erlebnis dieser Selbsterfahrungsgruppe gibt uns also das Material, an dem wir gewisse Zusammenhänge, die zwischen Betreuern und Bunkerbesuchern bestehen, aufdecken können. Was ich hier darstellen will, steht im Spannungsfeld zwischen zwei Aussagen, die von den Betreuern selbst stammen. Die eine Aussage heißt: Nur Jugendliche können Jugendlichen helfen, weil sie fähig sind, sich mit ihresgleichen zu identifizieren. Die andere Aussage lautet: Wir wollten Betreuer sein, um damit unsern eigenen Problemen auszuweichen.

a) Das Problem der Identifikation
Erst die Identifikation mit andern ermöglicht Gruppenbildungen. Darauf werde ich unter c) zu sprechen kommen. An dieser Stelle gehe ich vom oben zitierten Satz aus: Nur Jugendliche können Jugendlichen helfen. Das scheint die Voraussetzung für die Tätigkeit des Speak-out gewesen zu sein. Dieselbe Voraussetzung gilt nun offensichtlich auch für das Autonomiestreben der sogenannten Bunkerjugend. «Die Erwachsenen verstehen uns nicht oder wollen uns nicht verstehen. Wir müssen uns selber helfen.» Es stellt sich die Frage, ob diese Identifikation die Selbsthilfe wirklich begünstigte, ob im besonderen im Falle der Betreuerorganisation diese Identifikation das Helfen ermögliche. Wenn nämlich Identifikation heißt: «Ich verstehe dich, weil ich in derselben Notlage bin wie du», so ist damit über das Gelingen der Hilfe noch nichts ausgesagt. Es geschieht häufig, daß sich der Betreuer mit dem jeweiligen Problem eines Jugendlichen, der Hilfe sucht, identifiziert. Er fühlt sich betroffen durch die Lage des andern, wird zum Mitleidenden. Es ist naheliegend, daß das immer dann geschieht, wenn ein Betreuer bei einem Hilfe- oder Ratsuchenden seinen eigenen, ungelösten Problemen begegnet. Was also zur Gruppenbildung notwendig ist: die Identifikation mit dem anderen, das ist für den Betreuer eine Gefahr. Identifikation in dem hier erwähnten Sinne stellt jedes angemessene Angehen eines Problems in Frage. Wer helfen will, darf nicht in gleicher Weise betroffen sein wie der Hilfesuchende. Helfen und Raten erfordert Abstand und durch Abstand die Kraft, Problemen zu begegnen, oft von Stunde zu Stunde neuen Problemen gegenüberzustehen. Die Identifikation vollzieht sich in der Betreuertätigkeit dadurch, daß Betreuer und Hilfesuchende gemeinsam ein Problem lösen wollen. Das ist nicht dasselbe wie Betroffenheit und Mitleiden. Die Identifikation mit einer Aufgabe setzt beim Betreuer mehr voraus, nämlich innere Freiheit und eigene Problembewußtheit und damit Abstand gegenüber den persönlichen Problemen.

Weil viele Speak-out-Betreuer sich als Mitleidende fühlten, war ihre Kraft zur helfenden Betreuung bald erschöpft. Die Last des andern wird zur eigenen Last und verunmöglicht jede Hilfe. Die Autonomie des Helfens, das heißt seine Eigenständigkeit, ist hinfällig. Weil jede autonome Gruppe sich selbst helfen können muß, wirft das hier Gesagte auch ein Licht auf die Jugend, die Autonomie anstrebt. Im Speakout wird damit etwas beispielhaft sichtbar: Autonomie nach außen verlangt innere Autonomie. Eine autonome Gruppe muß über einen angemessenen Teil von Mitgliedern verfügen, die eine relativ hohe Eigenständigkeit ausweisen.

b) Aktivität nach außen
Das Thema der Identifikation führt unmittelbar zu einem zweiten Aspekt. Ähnlich wie dem Kind die Bewältigung der erlebten Welt durch Rollenidentifikation gelingt, indem es Vater und Mutter nachahmt, den Arzt, die Krankenschwester usw. spielt, identifiziert sich der Jugendliche mit Vorbildern, mit Techniken eines Lehrmeisters, mit der Meinung eines Politikers oder mit der wissenschaftlichen Haltung eines Lehrers. Ebenso gehört es zum wirklich erwachsenen Menschen, möglichst viele solcher Identifikationen abzubauen und sich auf sich selbst zu besinnen. Im günstigsten Fall gelangt er zu individuellen, schöpferischen Ansichten und Handlungen. Ganz frei von Identifikationen sind wir allerdings nie.

Die «Aktivität nach außen» des Jugendlichen erklärt sich aus etwas sehr Naheliegendem. Weil ihm gerade diese Individualität noch fehlt, sucht er einen Boden, auf dem er stehen kann, der nicht zu klein ist und auf dem man sich stark fühlt. Da der Jugendliche diesen Boden oft nicht in sich hat, betritt er ihn anderswo. Es kommt zu einer Bewegung nach außen. Die mangelnde Eigenständigkeit und Eigenmächtigkeit wird kompensiert durch die Macht einer Ideologie, mit der er sich identifiziert. Auf diese Weise gelingt es vielen Jugendlichen (und selbstverständlich auch vielen Erwachsenen), die Konfrontation mit der Umwelt auszuhalten. Nun ist für manche Menschen beunruhigend, daß ein Teil der Jugendlichen – und dazu gehörten auch Bunkerbesucher – sich mit Ideologien identifizieren, die betont gesellschaftskritisch sind. Darauf will ich noch eingehen. Je beunruhigter wir sind, desto mehr sollten wir fragen, welche Beweggründe Jugendliche zur Übernahme gesellschaftskritischer Haltungen führen. Gerade diese Frage wird nun aber zum Problem im Umgang mit jungen Leuten. Es kommt darauf an, wie wir sie stellen. Es liegt alles daran, wie wir mit diesen Jugendlichen ins Gespräch kommen.

Weil also die Übereinstimmung mit einer kritischen Ideologie einen jungen Menschen stärker macht, als er aus eigenen Möglichkeiten sein kann, dürfen Erwachsene im Kontakt mit ihm nicht entmächtigend auftreten. Selbst wenn es offenbar ist, daß viele Jugendliche aus Protest gegen den Vater oder die Mutter – seien es mächtige oder ohnmächtige

Eltern – dem Elternhaus völlig zuwiderlaufende Haltungen einnehmen und sich Gruppen anschließen, die diesem Protest Ausdruck verleihen, darf ein Gespräch nicht sogleich auf solche Zusammenhänge hinsteuern oder gar aus ihnen einen Vorwurf formulieren. Die erwähnte Selbsterfahrungsgruppe hat die Erkenntnis vermittelt, daß ein junger Mensch entweder gar nicht weiß, wodurch er zu einer bestimmten ideologischen Identifikation bewegt wurde, oder daß er diese durch Rationalisierungen zudeckt. Er muß sich ja gegen ein Aufdecken der Beweggründe wehren. Er erlebt das Hinterfragen der weltanschaulichen, sozialkritischen oder philosophischen Identifikationen als eine Entmächtigung. Ein Gespräch über die eigentlichen Motivationen kommt erst zustande, wenn der Gesprächspartner, sei er Psychologe, Arzt, Politiker, Vertreter einer Behörde oder seien es letztlich die Eltern selbst, nicht als übermächtig und unterdrückend erlebt wird. Das ist ein Gesprächspartner dann nicht, wenn er dem Jugendlichen gegenüber selbst als Fragender auftritt: ein Erwachsener, der nicht deshalb einen breiten Rücken hat, weil er sich mit gesellschaftlich stärkeren Positionen als diese Jugendliche identifiziert, sondern weil er die Kraft hat, sich selbst in seinen Haltungen in Frage zu stellen. Erst in der Begegnung mit solchen Erwachsenen kann der Jugendliche seine Identifikationen selber durchschauen, er braucht sich dann nicht mehr ausschließlich nach außen zu bewegen. Die Bewegung nach innen wird möglich.

Sie wird möglich, wenn die Frage «Wer bin ich?» nicht mehr abgewiesen wird. Wir sehen, daß wir dem noch nicht erwachsenen Menschen ideologische Identifikationen einräumen, uns dagegen als Erwachsene fragen müssen, wie es bei uns selber damit steht. Die Frage «Wer bin ich?» ist die Frage nach der Eigenständigkeit. Wer diese Frage nur mit dem Hinweis auf seinen Beruf oder auf die Zugehörigkeit zu einer sozial starken Institution beantwortet, ist von außen bestimmt, nicht durch sich selbst. Jugendlichen aber müssen wir zugestehen, daß sie als von außen Bestimmte (durch Eltern, Schule und andere Autoritäten jeglicher Art) diesem Bestimmtsein mit Positionen, die sie von außen entlehnen, entgegentreten. Gleichwohl ist diese «Aktivität nach außen» auch für sie eine Gefahr, und zwar gerade dann, wenn sie autonom sein wollen. Die «Aktivität nach außen» führt grundsätzlich nur zu Gruppenbildungen, die dank einer Gegnerschaft bestehen. Sie fördert daher nicht wirkliche Autonomie, das heißt, die Freiheit, sich selbst das Gesetz des Handelns zu geben.

c) Gruppenbildung

Im Bunker sind kaum Gruppenbildungen beobachtet worden. Der Bunker war in erster Linie ein Massenphänomen. In der Gruppendynamik spricht man in diesem Fall von einer Menge. Eine Menge kann nicht wirklich autonom sein. Die Frage nach einer inneren Autonomie war vermutlich gar nicht gestellt. Die Autonomie des Jugendzentrums sollte eine Abgrenzung gegen störende Einflüsse von außen ermöglichen. In gewisser Weise kann die von außen zu garantierende Autonomie die Isolation fördern. In dieser Isolation begegnet der Jugendliche nicht mehr den Forderungen der Umwelt, die auf Übereinstimmung mit Verhaltensnormen pocht. Ein Grundaspekt solcher Mengenbildungen zeigt sich also darin, daß ein ungestörter Bereich geschaffen wird, in dem eingeübte oder von der Umwelt geforderte Verhaltensnormen durchbrochen werden können. In der Isolation tritt eine Konvention nicht in den Konflikt mit einer andern. Es gehört zur Jugend, daß sie Konventionen unserer Gesellschaft als hemmend, als ausgetretene Wege erlebt. Wenn die Öffentlichkeit, informiert durch vorschnell interpretierende Massenmedien, dieser Tatsache gegenüber ablehnend reagiert, bleiben zwei Möglichkeiten: Streit oder Abschirmung. In diesem Sinne war der Bunker kein Streit-, sondern ein Abschirmungsphänomen.

Mengenbildungen der erwähnten Art dienen in erster Linie dazu, einen konfliktfreien Lebensbereich zu schaffen. Soll eine solche Menge aber lebensfähig sein, muß sie sich das Gesetz des Zusammenlebens selbst geben, muß sich organisieren. Aus der Menge muß eine Gruppe oder eine Anzahl kooperierender Gruppen entstehen. Damit stehen wir vor der Frage, wie eine Gruppe entsteht und was ihr Dauer verleiht. Jede Gruppe, die eine gewisse Dauer erreichen will, braucht ein Ziel. Dabei ist es zunächst unwichtig, ob das Ziel außerhalb oder innerhalb der Gruppe liegt. Je größer der Verband von Menschen ist, der sich gruppiert, desto mehr muß er auch ein inneres Ziel haben, auf das sich Untergruppen konzentrieren. Kontinuität erreicht eine Gruppe, wenn sie Offenheit bewahrt gegenüber der Umwelt und in sich selbst die Auseinandersetzung mit der Umwelt zuläßt. Das ist dann keine konfliktfreie Gruppe, sondern ein konfliktaufarbeitendes Kollektiv. Die Schilderung der Selbsterfahrungsgruppe mit Bunkerbetreuern hatte gezeigt, daß die Möglichkeit zur Konfliktaufarbeitung vorbereitet werden mußte. Sie wurde von den Teilnehmern zwar angestrebt, war aber aus eigener Kraft nicht realisierbar. Was nämlich die Gruppenbildung verunmöglicht, ist der Umstand, daß die Teilnehmer ihre Bedürfnisse innerhalb eines Kollektivs anonym befriedigen wollen. Gerade das ist im Bunker geschehen. Er war ein Bereich, der anonyme Lustbefriedi-

gung erlaubte. Eine Gruppe entsteht erst dann, wenn einzelne Teilnehmer ihren Bedürfnissen Ausdruck verleihen können und sich damit mit den Bedürfnissen der andern konfrontiert sehen. Der einzelne, der aus der Anonymität heraustritt und andern gegenüber seine Bedürfnisse und Forderungen äußert, wirkt gruppenbildend. Es finden sich dann gleich solche, die sich mit ihm identifizieren und andere, die ihm ablehnend gegenüberstehen. Damit leitet er die Auseinandersetzung ein.
Wenn im Bunker diese Auseinandersetzung nicht stattfand, so deshalb, weil sie gar nicht angestrebt wurde. Ein abgeschirmter, konfliktfreier Bereich sollte vor allem Geborgenheit geben. Auch die Mitglieder der geschilderten Selbsterfahrungsgruppe haben Geborgenheit gesucht. Geborgenheit gibt es in lustvoller Atmosphäre, die eine Menge einrichten kann, oder in der zärtlichen Zuneigung anderer Menschen. Wo die zärtliche Zuneigung anderer fehlt, wird Ersatz gesucht. Untersuchungen über den Drogengenuß und die Sucht bei Jugendlichen geben ein Bild davon, in wie hohem Maße die mangelnde zärtliche Zuwendung der Eltern ausschlaggebend ist. Auch in der Selbsterfahrungsgruppe wurde manifest, wie vielen Jugendlichen Geborgenheit im Elternhaus fehlt. In der Psychotherapie Jugendlicher, Süchtiger und zum Teil auch Depressiver hat man längst eingesehen, in welchem Maße wohlwollende und auch verwöhnende Zuwendung therapeutisch notwendig ist. Offensichtlich war der Bunker auch in diesem Sinne ein ernstzunehmendes gesellschaftliches Phänomen: der Versuch einer Heilung durch Selbsthilfe und Abschirmung gegen Frustration durch die Umwelt.
Was das kurzfristige Bunkerexperiment nicht zeigen konnte, wurde deutlich bei den Bunkerbetreuern. Auch sie hatten sich aus ähnlichen Motiven zusammengefunden. Nur war für sie, außer dem Zusammensein unter gleichgesinnten Jugendlichen, von Anfang an auch die Kooperation wichtig. Bloßes Streben nach Geborgenheit ermöglicht jedoch keine dauernde und tragfähige Gruppenbildung. Die Betreuerorganisation war daher darauf angewiesen, Leute in ihrer Mitte zu haben, die eben gerade nicht diese anonyme Lustbefriedigung in einem konfliktfreien Bereich suchten, sondern Mitarbeiter, die über so viel Eigenständigkeit verfügten, daß sie eine Gruppe strukturieren konnten.
Die Erfahrung zeigt, daß relativ autonome Organisationen, zum Beispiel wirtschaftliche Unternehmungen, nie völlig ohne die Mitarbeit von Experten auskommen. Es gehört also zur Erhaltung einer Autonomie, die richtigen externen Mitarbeiter beiziehen zu können. In diesem Sinne war es den Speak-out-Initianten bewußt, daß sie nicht nur über Fachleute den Kontakt für hilfesuchende Jugendliche mit der Umwelt herzustellen hatten, sondern daß die Betreuerorganisation selbst ohne

diesen Kontakt nicht arbeiten konnte. Der Club Speak-out war also umweltoffener als das sogenannte «Autonome Jugendzentrum Lindenhofbunker». Er war in gewisser Weise in der Rolle des Experten. Allerdings nur in dem Sinne, daß er einzelnen Bunkerbesuchern Hilfe anbot und Bezugspersonen zur Umwelt zur Verfügung stellte. Einen strukturierenden Einfluß auf die Menge der Jugendlichen im Bunker konnte und wollte das Speak-out nicht haben. Die Betreuerorganisation erreichte eine relative Autonomie durch diese Umweltoffenheit und durch den dauernden Versuch der Auseinandersetzung innerhalb der Organisation selbst. Sie spiegelt damit, was das «Autonome Jugendzentrum» selbst gebraucht hätte. Sie spiegelt dies in all dem, worin sie reüssierte und in all dem, woran sie scheiterte. Ein autonomes Jugendzentrum braucht zu seiner Realisierung nicht in erster Linie eine von außen garantierte Autonomie, sondern die interne Kooperation und, zur Verwirklichung der internen Kooperation, entweder genügend eigenständige Leute, welche die notwendige Auseinandersetzung in die Wege leiten und durchstehen, oder Experten, die in den internen Konflikt nicht einbezogen sind. In diesem Sinne gibt es heute Wohngemeinschaften, die sich unter der Leitung eines Gruppentherapeuten als Selbsterfahrungsgruppe konstituieren.

d) Die Unrast der Jugendlichen

Die sogenannte Unrast der Jugendlichen meint etwas, das die Öffentlichkeit beunruhigt. Vom Wort her verstehen wir damit eine Bewegung ohne Rast. Solche Jugendliche sind nicht lokalisierbar, sind nicht bezogen auf eine Schule oder einen Arbeitsplatz, bewegen sich oft nicht in traditionellen Bahnen und fliehen meistens früh aus dem Elternhaus. Unter traditionellen Bahnen verstehen wir die Ausbildungswege, die für die Eltern durchschaubar sind und ihnen den Aufbau eines abschätzbaren Lebensweges garantieren. Gerade deshalb, weil von vielen Jugendlichen diese Wege abgelehnt werden, weil die Gruppen, die diese Wege anbieten (Kirche, Schule, Lehrmeister, traditionelle Freizeitgruppen, Militär usw.) nur als Vertreter der elterlichen und staatlichen Autorität erlebt werden, suchen Jugendliche eigene Wege, die für Eltern und Behörden befremdend sind.
Vermutlich meinen wir, mit dem Ausdruck «Unrast der Jugendlichen» etwas zu bezeichnen, das spezifisch ist für unsere Gegenwart. Ich glaube nicht, daß das zutrifft. Unrast, als Gegenbewegung zu den etablierten Positionen der Eltern, gab es schon immer. Wenn wir aber heute unter diesem Titel soziologische Erhebungen und wissenschaftliche Untersuchungen in Auftrag geben, so dürfte darin zum Ausdruck kommen, wie

wenig Beziehung wir Erwachsene zu den Formen der Selbstrealisierung der Jugend haben. Im Unbehagen, das mit dem Titel «Unrast der Jugend» verbunden ist, spricht sich unsere eigene Haltung aus. Wir verlangen in erster Linie Anpassung, das heißt «Rast».
Anderseits ist nicht zu leugnen: In unserer Gesellschaft wächst nicht nur auf der Seite der Jugend das Bewußtsein, daß mit Elternhaus und Schule nicht alles zum besten steht. Immer häufiger formieren sich kleinere Gruppen von Erwachsenen, die Methodenmodelle für die Erziehung in Gruppen entwerfen und sie, zumindest auf der Stufe des Kindergartens, auch experimentell durchzuführen versuchen. Dabei spielt die Einsicht eine Rolle, daß für das Kind frühzeitig Gruppenerlebnisse wünschenswert sind, die selbst vielköpfige Familien nicht vermitteln können. Nicht ein sachbezogenes Lernen steht dabei im Vordergrund, sondern das Einüben von verschiedenen Rollenmöglichkeiten im Umgang mit Gleichaltrigen. Damit soll ein Haupthindernis für jedes frei entfaltete Lernen des Kindes aufgehoben werden, nämlich die Anpassung an *eine* bestimmte Rolle und die Identifikation mit ihr; beides wird durch die Familie eher gefördert als abgebaut.
Unsere Schule war bisher ein Ort der Begabtenauslese und nicht der Begabungsförderung. Begabungsförderung verlangt nicht Anpassung des Kindes an ein Programm, sondern Anpassung eines Programms an das Kind. Viele Jugendliche leben sowohl in der Mittelschule wie auch an der Universität in der Spannung zwischen diesen beiden Bildungskonzepten. Wenn wir vom Jugendlichen her von einer Unrast sprechen können, so vielleicht gerade aufgrund des Hinundhergeworfenseins zwischen Anpassung und Selbstverwirklichung. Die psychologische Tätigkeit in der Einzelbehandlung oder in der Gruppenarbeit kann nie etwas anderes anstreben als die Selbstwerdung des einzelnen in der Gemeinschaft. Sie wird heute immer mehr von jungen Menschen beansprucht, die in einem Zwiespalt leben zwischen den Anforderungen bestehender Institutionen und Lernprogrammen einerseits und dem Bestreben nach Selbstrealisierung anderseits. Ein Teil dieses Zwiespaltes läßt sich nicht allein lebensgeschichtlich, das heißt aus der erlebten Familiensituation erklären, sondern ist Ausdruck einer Situation, die unsere ganze Gesellschaft betrifft. Entsprechend gibt es auch Erwachsene, welche ein echtes Unbehagen gegenüber Formen unserer Gesellschaft mit den Jugendlichen teilen. Wir müßten größere Klarheit darüber gewinnen, inwiefern jene Kreise, die unsere Gesellschaft bestimmen, vor allem Anpassung verlangen und inwiefern wir alle vielleicht verlernt haben, die jugendliche Rebellion gegenüber Festgefahrenem als etwas Schöpferisches aufzunehmen.

François Höpflinger
Der Weg vom Bunker zu einer
sozialistischen Politik

«Im letzten Herbst schafften wir in Zürich ein autonomes Zentrum, d. h. einen Ort, wo wir versuchten, unser Leben selber zu organisieren und unsere sozialen Probleme gemeinsam zu lösen. Es zeigte sich aber, daß diese Probleme – Ausbeutung und Langeweile am Arbeitsplatz, die Schwierigkeiten mit den Eltern, Drogen – nicht isoliert, sondern nur aus der Lage der ganzen Gesellschaft verstanden werden können. Dies bedeutet, daß sie nur im Rahmen der ganzen Gesellschaft, durch Veränderung der ganzen Gesellschaft, gelöst werden können.» (Bunker-Zeitung, Juni 1971.)

Auf dem Weg von einer eher schwach strukturierten Jugendbewegung, so wie sich diese zum Zeitpunkt der soziologischen Studie zeigte (Winter 70/71), zu einer politisch strukturierten Massenbewegung, die als Teil einer gesamtschweizerischen sozialistischen Bewegung zu sehen ist, waren für die Autonome Republik Bunker folgende Punkte wesentlich:

1. Phase
Wertkonflikte, kollektives Erwachen

Als Folge der äußeren Bedrohung der Schweiz zur Zeit des Nationalsozialismus wurden die traditionellen Werte stark betont, was sich während der Landesausstellung im Jahre 1939 besonders deutlich zeigte. Dem Faschismus wurden die sittlichen und moralischen Werte des Christentums entgegengehalten. Die Abwehr der äußeren Gefahr erforderte nationale Einheit; für soziale Kämpfe zwischen den Klassen blieb kein Platz. Diese nationale und sittliche Igelstellung blieb allerdings auch nach dem Weltkrieg bestehen und wurde durch den kalten Krieg bis in die sechziger Jahre beibehalten. Der durch den Zweiten Weltkrieg und seine Folgen bedrohte Kapitalismus konnte sich so wieder stabilisieren; soziale Konflikte wurden mit Blick gegen Osten verdrängt; Opposition konnte leicht verketzert werden. Allerdings – und dies ist das wesentliche – verunmöglichte die ideologische Erstarrung jene bewußtseinsmäßigen Anpassungen, die nötig sind, um sich in einer dynamischen Welt zu bewegen und die schwerwiegenden Probleme unserer Zeit zu bewältigen. Die Nachkriegsgeneration, welche die wirtschaftliche und politische Bedrohung der dreißiger Jahre nicht erlebt hat, kann sich mit solchen traditionellen Einstellungen, die oft in absoluter und autoritärer Weise vermittelt werden, nicht identifizieren:

Es kommt zu Konflikten zwischen völlig verschiedenen Weltanschauungen.
Mit der Kampagne für ein autonomes Jugendzentrum wurden die bisher innerhalb der einzelnen Familien ausgetragenen Wertkonflikte zwischen den Generationen zum ersten Mal für die Schweiz gesellschaftlich sichtbar. Die Forderung nach dem Jugendhaus bildete den Kristallisationspunkt der kollektiven Verbalisierung eines grundsätzlichen Konfliktes. Wie auch die Erfahrungen im Lindenhofbunker zeigen, waren diese Äußerungen noch wenig strukturiert; sie zeigten vorwiegend in Richtung eines Raumes, zu dem Erwachsene keinen Zugang haben sollten, in Richtung eines passiven Rückzugs vor den gesellschaftlichen Problemen (Jugendsubkultur, Drogenkultur; vgl. Text H.-P. Müller, S. 32). Das 15köpfige Bunkerkomitee, das klarere politische Vorstellungen besaß, war von Anfang an bestrebt, die Bunkerbesucher zu einer kollektiven und aktiven Auseinandersetzung mit der Umwelt zu bewegen. Deshalb wurde nach der angedrohten Schließung des Bunkers durch den Stadtrat von Zürich (Dezember 1970) als Gegenreaktion am 1. Januar 1971 die «Autonome Republik Bunker» (ARB) als politische Selbsthilfeorganisation ausgerufen.

«Die ARB hat das Ziel, die Interessen ihres Volkes zu wahren, indem sie Zentren, Kollektive und Unterkünfte erwirbt oder besetzt, in denen die Jugend und das Volk nach ihren eigenen Vorstellungen leben und arbeiten. Sie (die ARB) soll auch bei einem allfälligen Verlust des Lindenhofbunkers in neu errichteten Zentren weiterexistieren.» (Verfassung der Autonomen Republik Bunker, Punkt 3; vgl. Anhang III, S. 119.)

Der Schritt aus der subkulturellen Passivität heraus gelang vielen Jugendlichen dann auch erst nach der Schließung des Bunkers.

«Nach einer ersten Krisenzeit merkte die Bunkerjugend, wie der Stadtrat sie an der Nase herumführen wollte, und die Empörung flackerte auf. Sie wurde stärker als der Drang nach einer Haschpfeife, nach passivem Konsumieren von Popmusik. In der Not wuchs von Tag zu Tag die Solidarität der Bunkerjugend.» (Aus einem Aufruf an die Bevölkerung vom 28. Dezember 1970.)

2. Phase
Politische Konflikte

Parallel zur ideologischen Erstarrung in der Gesamtgesellschaft läuft (speziell in der Schweiz) eine Erstarrung im politischen Sektor: Mit den bestehenden Entscheidungsmechanismen sind wir immer weniger in der Lage, auf neue Probleme – z.B. soziale Konflikte – rasch und wirkungsvoll zu reagieren (weniger Entscheidungen bei zunehmenden gesellschaftlichen Anforderungen). Neben der heute immer deutlicher sichtbar werdenden Einflußnahme der Wirtschaft auf die Politik ergibt sich auch eine zunehmende politische Entfremdung großer Teile der Bevölkerung, besonders bei jenen Bevölkerungsteilen, deren Zugang zu politischen Entscheidungen schon immer gering war: Die jüngere Generation ist, neben den Frauen und Ausländern, diejenige Gruppe, die trotz ihrem relativ hohen Bildungsgrad am stärksten außerhalb der etablierten Entscheidungsbereiche steht. (Das Durchschnittsalter des Nationalrates von 1967 bis 1971 lag bei 56 Jahren.)
Gerade die Jugendpolitik der Stadt Zürich ist ein klassisches Beispiel für jene Art von Flickwerkpolitik, die viel verspricht und wenig hält: Jahrelang wurde die Forderung nach einem Jugendhaus hinter verschlossenen Türen ohne jede Teilnahme Jugendlicher verschleppt (schon 1938 war eine Eingabe für ein Jugendzentrum lanciert worden). Erst nach den Globuskrawallen[1], welche die völlig überrumpelten Behörden, aber auch die ahnungslose Bevölkerung aufgeschreckt hatten, wurden, nachdem brutaler Polizeieinsatz die Probleme nicht aus der Welt geschaffen hatte, erstmals Jugendliche in Kommissionen zugelassen. *Allerdings wurden nur stark organisierte Gruppen in die offiziellen Entscheidungsgremien aufgenommen, während die unorganisierte Jugend, die den Hauptharst der Bunkerjugend ausmachte, faktisch ausgeschlossen blieb.* Anfänglich schienen die Behörden das Experiment Lindenhofbunker großzügig zu unterstützen:

«Es handelt sich beim Projekt Lindenhofbunker um ein Experiment, mit dem versucht werden soll, einem Phänomen zu begegnen, dem sich heute alle hochzivilisierten Gemeinschaften gegenübergestellt sehen, dem Bedürfnis weiterer Kreise und vorab der Jugend, in einem Zeitalter der Technisierung und Automatisierung auf einem ‹autonomen›, ‹nicht manipulierten› Weg zu einem neuen Selbstverständnis zu gelangen. Dabei fällt die Formulierung entsprechend den

[1] Vgl. Chronik eines Jugendzentrums, S. 12.

verschiedenen Gruppen ebenso verschieden aus. Wie und womit Wünsche erfüllt werden können, ist nicht eindeutig zu beantworten, sondern auf experimentellem Weg zu suchen und zu finden.» (Aus: Weisung an den Gemeinderat Zürich, 21. August 1969, Weisung 420a.)

Schon nach den ersten Schwierigkeiten wurde der Bunker jedoch nicht mehr unterstützt; die notwendige personelle und finanzielle Hilfe blieb weitgehend aus.

«Wenn die Jugend ein *autonomes* Jugendhaus begehrt, so fordert sie damit keine Almosen oder Geschenke, sondern ihr *Recht* und nichts anderes als ihr Recht. Dieser berechtigte Anspruch wird der Zürcher Jugend seit mehr als 25 Jahren aberkannt. Die bedenkliche Haltung und Einstellung der Behörden zeigt sich z. B. darin, daß dem Stadtrat für einen einzigen Parkplatz im Hechtplatz-Parking 63 000 Franken nicht zuviel wären, daß er aber für die Jugend nur läppische 60 000 Franken bewilligte.» (Aus: «Zürcher Manifest»[1].)

Ähnlich erging es den Initiativen, die aufgrund der sichtbar gewordenen sozialen Probleme vieler Jugendlicher ergriffen wurden. Eine seit November 1970 vorgeschlagene Notschlafstelle wurde erst nach der Bunkerschließung eröffnet und nach kurzer Zeit wieder geschlossen. Der Anregung, voll ausgebildete Sozialarbeiter einzusetzen, wurde nicht entsprochen. Vorschläge zur Verbesserung der Situation in Erziehungsheimen, wie sie durch die in den Bunker geflüchteten Zöglinge bekannt geworden war, wurden von den Behörden ebenfalls nicht aufgegriffen; offizielle Kontakte zu den Heimen wurden durch ein Rundschreiben der Stadträtin E. Lieberherr an die Leiter der städtischen Erziehungsheime vom Dezember 1970 verunmöglicht. Zur organisatorischen Straffung des Kampfes entstand darauf als Teil der ARB die Heimkampagne, eine Organisation, die sich die Abschaffung der Erziehungsheime und deren Überführung in Heime mit Selbstverwaltung durch die Betroffenen zum Ziel setzte.

Folgende Punkte sollen die Überführung der Heime in die Selbstverwaltung vorantreiben:

    1. *Demokratisierung der Heime.* Die heutige autoritäre Erziehung dient nicht unsern eigenen Interessen. Vor allem fordern wir: Aufhe-

---

[1] Beim «Zürcher Manifest» handelt es sich um eine Stellungnahme prominenter Persönlichkeiten zu den Globus-Unruhen. Darin werden die Jugendprobleme als Folge mangelnder Flexibilität der bestehenden Institutionen interpretiert.

bung des Arbeitszwanges als einzige Therapie, Aufhebung des repressiven Strafsystems, der Einzelhaft, der Essensverkürzung, des Rauchverbotes, gerechte Entlöhnung für geleistete Arbeit (nicht nur ‹Taschengeld›), Möglichkeit zur organisierten Interessenvertretung.
2. Die *Öffentlichkeit der Heime*. Geschlossene Heime verschlimmern die Situation der Betroffenen, statt sie zu verbessern; Konflikte können nicht gelöst werden, indem man sie verdrängt, statt sie mit der Wirklichkeit zu konfrontieren. Vor allem fordern wir: Aufhebung der Postzensur und der Ausgangsbeschränkung. Möglichkeit, mit organisierten Jugendgruppen inner- und außerhalb der Heime Kontakt zu halten.
3. Die Möglichkeit zum *gemischtgeschlechtlichen Zusammenleben*. Aufhebung überholter Moralvorschriften, die auch draußen nicht mehr eingehalten werden.» (Aus: Grundsatzerklärung der Heimkampagne.)

Der Konflikt mit den Behörden, die Entfremdung gegenüber den politischen Institutionen wurde im Verlauf der Straßenkämpfe (nach der Bunkerschließung), vor allem aber durch die Zerschlagung der täglichen Diskussionen im Shop-Ville[1] vertieft.

«Dem Freisinn (und seinen Strohmännern im Stadtrat) ist es durch die Schließung des Bunkers bisher nicht gelungen, die immer stärker werdende Jugendbewegung zu zerschlagen. Deshalb soll nun durch die Räumung des Shop-Ville (Paradies des Großkapitals) versucht werden, der fortschrittlichen Jugend auch die letzten demokratischen Mittel wegzunehmen. Wieso das? Durch die täglichen Diskussionen im Shop-Ville hat das Zürcher Volk gemerkt, daß Wohnungsnot, Unterdrückung und Ausbeutung auch seine Probleme sind. Es beginnt zu erkennen, daß es diese Probleme nur durch solidarisches und organisiertes Handeln lösen kann. Aus Angst davor, daß die Empörung über soziale Mißstände um sich greift, zerschlägt das Bürgertum jede öffentliche Diskussion darüber mit Polizeimacht und Justiz. Es will die Mißstände bestehen lassen, aber sie sollen nicht bekannt werden.» (ARB-Flugblatt vom 20. Februar 1971.)

---

[1] Einkaufszentrum unter dem Zürcher Bahnhofplatz.

3. Phase
Klassenkonflikte

Während für die politische Strukturierung der Studenten und Mittelschüler die Auseinandersetzung mit den Widersprüchen des internationalen Systems (Überfluß in den Industrienationen, tiefste Armut in der «Dritten Welt», brutale Unterdrückung von Reformbewegungen in feudalen Nationen wie Südvietnam und in Südamerika u.a.) entscheidende Anfangsimpulse vermittelte, war dies bei der vorwiegend aus Lehrlingen und Jungarbeitern bestehenden Bunkerjugend weniger der Fall. Für die Autonome Republik Bunker war die Wahrnehmung der Ungleichheiten der Macht- und Besitzverteilung in der Schweiz wesentlich (10% der schweizerischen Bevölkerung besitzen um die 90% des steuerbaren inländischen Vermögens). Die Absetzung von den «Bonzen» manifestierte sich relativ früh in der spontanen Besetzung des feudalen Hotels «Baur au Lac» sowie in der Erstürmung des Uniballs[1]. Der Weg vom Generationenkonflikt zum Klassenkampf zeigte sich am klarsten anläßlich der Solidarisierung mit den Mietern.

«Wenn millionenschwere Immobilienfirmen wie die Mobag, Bellevue-Immobilien, Bauunternehmen wie Hatt-Haller und die Rentenanstalt um ihre Profite zu machen und ihre sterilen Büropaläste zu vermehren gleich 100 Leute aus ihren Wohnungen und Logen im Stadtzentrum treiben und der Stadtrat und Behörden dies unmißverständlich unterstützen, so kommt uns dies... sehr ähnlich vor wie die ‹Kündigung› unseres Lindenhofbunkers. Auch in der sichersten Loge sind wir nicht mehr vor der Herrschaft der gemeinen Grundstück- und Hauseigentümerclique (und das sind vom kleinsten Spekulanten bis zu Großkonzernen und Banken fast alle Kapitalisten) geschützt.» (Aus: ARB-Zeitung, Venedigstraße-Nummer[2].)

Die Venedigstraße-Aktion brachte der ARB zum ersten Mal wieder die Sympathie breiterer Bevölkerungsschichten ein, insbesondere diejenige der älteren Generation. Zur gleichen Zeit wurde die Lehrlingsarbeit

---

[1] Traditioneller Jahresball an der Universität Zürich; Paarkarten zu Fr. 35.– bzw. Fr. 60.–.

[2] Der «Bewohnerverein Venedigstraße» hielt, mit ARB-Mitgliedern zusammen, fünf Häuser besetzt, die abgerissen werden sollten. Auf der Straße fanden gleichzeitig Diskussionen statt. Nach etwa einer Woche wurden die Häuser von der Polizei geräumt und unter ihrem Schutze abgebrochen.

vorangetrieben. Konsequenterweise wurden auch Kontakte zu einer weiteren unterprivilegierten Gruppe, den spanischen und italienischen Fremdarbeitern, aufgenommen. Der erste größere Streik in der schweizerischen Nachkriegsgeschichte[1] bot Gelegenheit, den Aspekt des Kampfes am Arbeitsplatz unter der Bunkerjugend zu betonen.

«Lehrlinge, Schüler, Studenten, Schweizer Arbeiter und Fremdarbeiter – Eine Klasse, ein Kampf!... Der Streik der Metallarbeiter in Genf für einheitliche Lohnerhöhungen und für Lohnkontrolle durch die Arbeiter ist beendet. Die Geschäftsleitungen der Bührle- und Sulzer-Betriebe haben dem Druck der solidarischen Arbeiterschaft weitgehend nachgeben müssen. Damit haben die Genfer Arbeiter bewiesen, daß die Einheit und Kampfbereitschaft der Lohnabhängigen den Sieg über ihre Einpeitscher und Blutsauger davontragen kann. Sie haben uns einmal mehr gezeigt, wer unser Freund und wer unser Feind ist. Vereinen wir unseren Kampf gegen die Diktatur des Bürgertums! Leisten wir gemeinsamen Widerstand: in den Betrieben, in den Schulen, in den Wohnungen, auf der Straße – überall!» (Aus: Flugblatt zur Solidaritätskundgebung vom 13. März 1971.)

So trat denn im Laufe des politischen Strukturierungsprozesses der dominante wirtschaftliche Sektor immer stärker ins Zentrum: die Ausbeutung der Arbeiter und Lehrlinge, die Vernichtung von billigen Altwohnungen, aber auch die Zerstörung der gesamten Umwelt zugunsten einiger weniger Profiteure wurden immer deutlicher bewußt. Man sah mehr und mehr, daß ein wichtiger Hebel der Änderung bei der Wirtschaft und ihrem Kontrollapparat anzusetzen hatte.

«Die Leute, die in einer Gesellschaft leben, sind vor allem dadurch miteinander verbunden, daß sie die Güter, die sie benötigen, gemeinsam herstellen, d.h., der Zusammenhang zwischen den einzelnen Menschen liegt vor allem darin, daß sie in der gleichen Wirtschaft arbeiten. Die einzelnen Betriebe aber, in denen die Menschen arbeiten, werden nur von einer kleinen Gruppe verwaltet: den Kapitalisten. Unser Einsatz für eine Veränderung der gesellschaftlichen Beziehungen zwischen den Menschen bedeutet daher Kampf gegen diese kleine Klasse der Kapitalisten, die diese Beziehungen, und damit auch uns selbst, kontrolliert und beherrscht.» (ARB-Zeitung, 1. Mai 1971.)

---

[1] Streik von rund 1000 schweizerischen und ausländischen Arbeitern in fünf Genfer Betrieben der Metallbranche im Frühjahr 1971.

Dieser Ansatzpunkt drängte sich auch deshalb auf, weil immer deutlicher wurde, daß die wirtschaftlichen Interessen der herrschenden Schicht Presse und Politik beherrschen. So erfuhr man nachträglich, daß ein wichtiger Grund zur Schließung des Lindenhofbunkers darin bestanden hatte, einem privaten Parkhaus Platz zu machen. Ein damaliger, freisinniger Stadtrat, E. Bieri, war denn auch im Verwaltungsrat der betreffenden Parkhaus-AG. Die Entfremdung am Arbeitsplatz, die zunehmende Beeinflussung politischer Entscheidungen durch wirtschaftliche Interessen, die fehlende Rücksichtnahme auf die Bedürfnisse der Bevölkerung; all dies wurde für viele Jugendliche erstmals durchsichtig und aussprechbar.

Abschließend kann gesagt werden, daß es im Verlaufe des Kampfes um ein Zürcher Jugendzentrum erstmals in größerem Umfang gelang, Teile der proletarischen Jugend (Lehrlinge und Jungarbeiter) zu mobilisieren und politisch zu einem Bewußtsein zu führen. Derjenige Teil der jüngeren Generation, dem der Schritt von der Jugendpolitik zu einer stark strukturierten sozialistischen Politik gelang (und gelingt), dürfte in den verschärften sozialen Auseinandersetzungen der kommenden Jahre eine wichtige Rolle spielen.

Anhang

I Statuten des Autonomen Jugendzentrums Lindenhof

1. Ziel und Zweck des Autonomen Jugendzentrums Lindenhof
Das AJZL ist ein Verein nach Art. 60 ZGB.
Der Verein bezweckt, im Zentrum von Zürich einen Ort zu schaffen, wo jedermann durch Information und Aktion und Diskussion mithelfen kann, Kontakte zwischen verschiedenen Alters- und Bevölkerungsgruppen herzustellen, das politische und gesellschaftskritische Denken einer breiten Öffentlichkeit zu fördern und Anregungen für Kunst, Kultur, Sport, Ausbildung, Freizeit usw. zu vermitteln.

2. Mitgliedschaft
Die Mitgliedschaft steht jedermann offen. Mitglied ist, wer sich an einer ordentlichen Vollversammlung oder im Bunker in die aufliegenden Mitgliederlisten einschreibt. Die Mitgliedschaft bringt keine besondere Verpflichtung. Es werden keine Mitgliederbeiträge erhoben.

3. Organisation
Die Organe sind:
- Die Vollversammlung = Mitgliederversammlung.
- Das Komitee, bestehend aus 15 Mitgliedern, welche von der Vollversammlung gewählt werden. Amtsdauer längstens ein Jahr, mind. 4 Monate.
- Die innere Organisation und die Verantwortlichkeiten werden in einem «Internen Reglement» geordnet, das von der Vollversammlung genehmigt werden muß.

4. Finanzen
- Finanzielle Mittel des Stadtrates von Zürich (gem. Weisung 420a/69) für den normalen Betrieb und Unterhalt.
- Gesuche um Beiträge bei der öffentlichen Hand oder Privaten.
- Sammlung für spezielle Zwecke.

Finanzielle Unterstützungen dürfen mit keiner Auflage verbunden sein.

5. Auflösung des Vereins
Die Auflösung kann durch eine ordentliche Vollversammlung beschlossen werden, sofern eine $^4/_5$-Mehrheit einem solchen Antrag zustimmt. Zu diesem Zeitpunkt vorhandene Mittel (Waren und Geld) fallen an die Stadt Zürich mit der Auflage, diese wieder für die Jugend zu verwenden.

6. Schlußbestimmungen
Diese Statuten sind am 9. Juli 1970 von der 1. Vollversammlung der autonomen Zürcher Jugend in Zürich (Volkshaus) genehmigt worden. Sie können an einer ordentlichen Vollversammlung von einem $^2/_3$-Mehr der Anwesenden abgeändert werden.

II Internes Reglement

1. Der Bunker ist während den Öffnungszeiten jedermann zugänglich. Wer im Bunker einen Anlaß organisieren will, meldet das dem Komitee, welches Zeitpunkt und Räumlichkeiten koordiniert.

2. Vollversammlung
- Die Vollversammlung wird alle 4 Monate durch das Komitee einberufen. Diese Vollversammlung kann Anträge und Beschlüsse über Betrieb und Aktivitäten im Bunker fassen. Die Vollversammlung wählt das Komitee. Vorschläge für neue Komitee-Mitglieder sind 7 Tage vor der Versammlung bekanntzugeben.
- Außerordentliche Vollversammlungen können einberufen werden, wenn
  a) $^2/_3$ der Mitglieder des Komitees dies verlangen oder
  b) 50 Mitglieder einen schriftlichen Antrag stellen.
  Ein entsprechendes Begehren muß 5 Tage vor dem gewünschten Termin im Besitze des Komitees sein (inkl. Traktandenliste).
- Die Vollversammlung ist das oberste Organ des AJZL. Sie wahrt seine Interessen und entscheidet über die Arbeit des Komitees.

3. Komitee
Das Komitee hat folgende Aufgaben:
- Verwaltung des Gebäudes
- Einberufung der Vollversammlung
- Koordination der Veranstaltungen betreffend Zeit und Räumlichkeit
- Aufstellen und Leiten des Ordnungsdienstes
- Abrechnung führen gegenüber der Stadtkasse und der Vollversammlung
- Es bestimmt die Verhandlungspartner für den Stadtrat

4. Der Ordnungsdienst
Der Ordnungsdienst schreitet bei Sachbeschädigung oder Streitigkeiten ein. Er kann wenn nötig Schadenersatz fordern und Randalierer vom Platz weisen. Er sorgt dafür, daß nach jeder Veranstaltung die Räumlichkeiten in sauberem Zustand zurückgelassen werden. Im übrigen ist jeder Besucher für die Ordnung im Bunker verantwortlich.
Der Ordnungsdienst sorgt auch dafür, daß kein Mißbrauch von Alkohol vorkommt.

5. Schlußbestimmung
Dieses Reglement wurde am 9. Juli 1970 von der 1. Vollversammlung genehmigt. Es tritt ab sofort in Kraft.

Als integrierter Bestandteil des Jugendzentrums ist für Vollversammlungen ein Saal für mindestens 1000 Personen bereitzustellen.

III Die Verfassung der Autonomen Republik Bunker
(vom 1. Januar 1971)

1. Die ARB stützt sich auf die Erkenntnis, daß unser Recht auf Freiheit und Selbstbestimmung in der bürgerlichen Gesellschaft nicht gewährleistet ist. Wir können uns nur dann vor Ausbeutung und Unterdrückung schützen, wenn wir autonom neue Formen des Zusammenlebens und der Arbeit verwirklichen.
2. In der ARB wollen wir keine Klassengesellschaft, die aus Ausbeutern und Ausgebeuteten, Unterdrückern und Unterdrückten besteht – keinen Rassismus, weder gegen Fremdarbeiter noch gegen andere Gruppen, die durch ihr Aussehen, ihre Ideen und Taten zeigen, daß sie mit der bestehenden Gesellschaftsform nicht einverstanden sind.
3. Die ARB hat das Ziel, die Interessen ihres Volkes zu wahren, indem sie Zentren, Kollektive und Unterkünfte erwirbt oder besetzt, in denen die Jugend und das Volk nach ihren eigenen Vorstellungen leben und arbeiten. Sie soll auch bei einem allfälligen Verlust des Lindenhofbunkers in neu errichteten Zentren weiterexistieren.
4. Das Gebiet der ARB umfaßt zur Zeit der Gründung den Lindenhofbunker sowie alle Zentren und Kollektive, die sich ihr anschließen werden.
5. In der ARB soll versucht werden, unsere gemeinsamen Bedürfnisse, nämlich diejenigen des Volkes, zu erkennen und zu befriedigen. Wir glauben, daß diese am besten in Kollektiven verwirklicht werden können, wo jeder gleiche Rechte hat, und die wir überall, am Wohnort, am Arbeitsplatz und in Freizeitzentren errichten. Diese Kollektive beruhen auf dem Prinzip der Selbstverwaltung des Volkes. Erreichen können wir dies nur, indem wir uns organisieren und nicht indem jeder für sich selbst dahinlebt.
6. Die ARB organisiert sich durch die Vollversammlung und in den Basisgruppen. Sie wird repräsentiert durch das gewählte Komitee. Die Vollversammlung wird durch das Komitee oder min. 50 Republikaner einberufen.
7. Jedem steht das Recht zu, in unsere Republik zu kommen. Wir dulden deshalb keine Vorschriften und keine Mauern, die Menschen verbieten, sich unserer Republik anzuschließen, und kämpfen deshalb für die Befreiung aller Eingesperrten.
8. Wir werden unsere eigene Verteidigung organisieren und unterstützen jene, die gegen ihren Willen gezwungen werden, in die Armee irgendeines fremden Staates einzutreten. Wenn wir nicht wollen, daß unsere Republik

nur aus einem Haufen leerer Worte besteht, müssen wir bereit sein, unsere Worte in Taten umzusetzen, für unsere Sache kämpfen.

9. Wir sind uns bewußt, daß wir zur Zeit materiell von der kapitalistischen Schweiz abhängig sind und zur Mehrheit gezwungen sind, unsere Arbeitskraft den Kapitalisten zu verkaufen, um unseren Lebensunterhalt zu sichern. Die Erfahrung lehrte uns, daß der kapitalistische Staat niemals gestatten wird, unsere Experimente autonom durchzuführen, so wie er es uns versprochen hat. Dashalb solidarisieren wir Republikaner uns mit allen anderen Ausgebeuteten am Arbeitsplatz und kämpfen für mehr Freiheit und Autonomie in den Betrieben.

10. Schließlich wollen wir erreichen, daß die Fabriken und andere Betriebe nicht mehr ein paar wenigen Kapitalisten gehören, sondern den Arbeitern, daß die Wohnhäuser nicht den Spekulanten, sondern den tatsächlichen Bewohnern gehören. Wir wollen erreichen, daß das ganze Volk und nicht nur ein paar Wenige vom Reichtum der Welt profitiert. *Alle Macht dem Volk!!!!!*

IV Grundsatzprogramm der LGZ[1]

1. Die meisten Jugendlichen sind, wie die überwältigende Mehrheit der Bevölkerung, gezwungen, den Unternehmern ihre Arbeitskraft zu verkaufen. Damit sie dies zu einem guten Preis, d.h. zu einem möglichst hohen Lohn, tun können, lassen sie sich zu Berufsarbeitern ausbilden. Der Lehrling merkt aber während seiner Lehre bald, daß die Berufsausbildung nicht seinen Interessen entspricht, sondern daß sie in unserer Gesellschaft ganz andere Aufgaben zu erfüllen hat. Die Berufsausbildung dient in ihrer heutigen Form vor allem den Unternehmern.

2. Das heutige Berufsbildungssystem hat in wirtschaftlicher Hinsicht die Aufgaben:
- das Erlernen einer Tätigkeit zu gewährleisten, die den Bedürfnissen der Unternehmer entspricht;
- die Lehrlinge als billige Arbeitskräfte auszunützen;
- die Jugendlichen möglichst früh in den Arbeitsprozeß einzugliedern;
- ein möglichst großes Reservoir an verfügbaren Arbeitskräften zu errichten, so daß die Unternehmer die Löhne besser kontrollieren können.

In politischer Hinsicht erreicht das heutige Berufsausbildungssystem:
- die möglichst frühe Gewöhnung daran, daß der arbeitende Mensch in unserer Gesellschaft nichts zu sagen hat, daß nur diejenigen befehlen, die Geld haben und darum «oben» sitzen;
- die Anpassung an die Prinzipien unserer Wirtschaft, wie Konkurrenz, Lohnabhängigkeit usw.;

[1] Lehrlingsgewerkschaft Zürich

- die Niedrighaltung der Allgemeinbildung in der Arbeiterschaft, da unwissende Leute besser an der Nase herumgeführt werden können;
- die Spaltung der Arbeiterschaft in «bessere» und «schlechtere» Berufe.

3. Auf wirtschaftlichem wie auf politischem Gebiet ist also die Lehre dazu da, den Lehrling auf sein späteres Schicksal als Arbeiter vorzubereiten. Dabei wird ihm die Lehre als eine kurze «Durststrecke» vorgegaukelt, und es wird in ihm die Hoffnung erweckt, daß er es als Arbeiter dann besser habe. Er ist jetzt noch Arbeiter zweiter Klasse und wird als Unreifer, Unerfahrener, kurz als Kind behandelt.
Dadurch, daß seine wenigen Rechte in den Händen von Dritten liegen, ist er in dieser Rolle dem Betrieb und der Schule vollständig ausgeliefert.

4. Da die Lehrlinge in jüngster Zeit begannen, diese Funktionen des Berufsbildungssystems zu durchschauen, mußten die Mächtigen unserer Wirtschaft und Gesellschaft versuchen, diese Funktionen wieder besser zu verschleiern. Dies soll durch die jetzt so häufigen Reformvorschläge für das Berufsbildungssystem geschehen. Diesen vermeintlichen Reformen, wie z.B. die BMS[1], dürfen wir nicht kritiklos gegenüberstehen, auch wenn sie uns scheinbar eine Besserstellung bringen. Dahinter stecken nur noch raffiniertere Methoden, die Berufsbildung in den Dienst der Unternehmer zu stellen. So werden z.B. die Lehrlinge in den neuen, betriebseigenen Lehrwerkstätten auf die Arbeitsmethoden eines Betriebes getrimmt, und es wird ihnen fast verunmöglicht, als Arbeiter den Betrieb zu wechseln. Nach einem andern Reformmodell soll der Lehrling in der sogenannten Stufenlehre in drei oder vier Stufen zu genau dem Spezialarbeiter ausgebildet werden, zu deren Verrichtung im Moment Arbeitskräfte fehlen. Die nächst höhere Stufe der Ausbildung erreicht immer nur derjenige, der sich am rücksichtslosesten gegen seine Mitlehrlinge durchsetzt. Wer sich am besten durchgesetzt hat und so die Interessen des Chefs am besten vertreten hat, kann qualifizierter Arbeiter und später vielleicht Vorarbeiter oder gar Werkmeister werden.

5. Diese geballten Angriffe der Unternehmer können wir nur vereint abwehren. Da wir Lehrlinge nichts anderes sind als künftige Arbeiter, läge es nahe, sich in den Organisationen der Arbeiter, den Gewerkschaften, zu vereinigen. Da die Lehrverhältnisse aber bisher nicht gewerkschaftlichen Gesamtarbeitsverträgen unterstellt sind, hatten die Gewerkschaftsführer immer eine gute Ausrede, sich nicht für unsere Interessen einsetzen zu müssen. Wir sind daher gezwungen, uns unsere eigenen Organisationen zu schaffen. Dabei müssen wir uns aber immer bewußt sein, daß wir im Grunde den gleichen Kampf zu führen haben wie die Arbeiter, den Kampf gegen die Privatwirtschaft. Wir müssen ständig bestrebt sein, den Kontakt mit der Masse der

---

[1] Berufsmittelschulen

Arbeiter in den Gewerkschaften aufrecht zu erhalten. Wo dies möglich ist, betätigen wir uns in den Jugendorganisationen der Gewerkschaften. Es muß unser Ziel sein, als Vollmitglieder in die Gewerkschaften aufgenommen zu werden und die Bildung von Betriebszellen voranzutreiben.

6. Die Forderungen der Lehrlingsgewerkschaft dürfen daher nie den Interessen der Arbeiterschaft entgegengesetzt sein. Sie müssen auf unser gemeinsames Ziel, die Abschaffung der kapitalistischen Lohnarbeit, ausgerichtet sein.

- Unsere erste und wichtigste Forderung muß sein, endlich den privatrechtlichen Lehrvertrag zwischen dem gesetzlichen Vertreter des Lehrlings und dem Lehrmeister durch gesetzliche und gesamtarbeitsvertragliche Bestimmungen zu ersetzen und zu vereinheitlichen.
- Die Berufsbildung muß den Interessen der Unternehmer entzogen werden. Es müssen Werkschulen unter Aufsicht der Arbeiterorganisationen geschaffen werden. Die Lehrzeit ist in Dauer und Form zu vereinheitlichen.
- Die Bildungsunterschiede zwischen uns und unseren gleichaltrigen Kollegen, die eine höhere Schule besuchen, müssen abgeschafft werden. Es muß uns bezahlter Bildungsurlaub und mehr Schule bewilligt werden.
- Der körperlichen Entwicklungssituation des Lehrlings muß durch mehr Ferien Rechnung getragen werden. Weiter fordern wir jährlich umfassende sozialmedizinische Untersuchungen und eine bessere Aufklärung und Vorsorge in Arbeitsmedizin und Unfallverhütung.
- Um den Lehrling vom Elternhaus unabhängiger zu machen, sind, statt der bisherigen Hungerlöhne, einheitliche und existenzsichernde Ausbildungsbeihilfen auszuzahlen.
- Bei allen Beratungen über Reformen des Berufsbildungssystems müssen wir als Direktbetroffene ein Mitbestimmungsrecht haben.

7. Neben diesen weitreichenden Forderungen ist es äußerst wichtig, durch Sofortmaßnahmen unsererseits die jetzige Lage der Lehrlinge erträglich zu machen. Dabei sind vor allem die spärlich vorhandenen gesetzlichen Rechte der Lehrlinge voll auszuschöpfen. Dies kann durch die Schaffung einer Kontaktstelle mit einem Rechtsdienst geschehen. Diese Kontaktstelle muß täglich geöffnet und der Rechtsdienst unentgeltlich sein.
Um unsere solidarische Selbsthilfe voll wirksam werden zu lassen, müssen wir unsere Mitglieder systematisch in allen bildungspolitisch wichtigen Fragen schulen. Diese von uns durchzuführenden Kurse müssen Gebiete wie Lehrlingsrecht, Arbeitsrecht, Arbeitergeschichte, Orientierungen über Kapitalverflechtungen und deren Auswirkungen auf die Arbeitsverhältnisse usw. umfassen.
Zur Durchführung dieser Schulung können Leute aus allen der Arbeiterschaft nicht feindlich gesinnten Organisationen beigezogen werden.

8. Die LGZ nimmt zur Erreichung der Ziele ihrer Mitglieder Kontakt mit ähnlichen außerkantonalen Organisationen auf.

Verzeichnis der deutschschweizerischen Jugend- und Drogenberatungsstellen

Drop-in
Angensteinerstraße 28
4000 Basel   (061) 42 59 55

Psychiatrische
Universitätspoliklinik
Hügelweg 2
3000 Bern   (031) 24 15 51

Release-Bern-Freiwillige
Altenbergstraße 126
3000 Bern   (031) 42 65 35

Beratungsdienst Jugend und
Gesellschaft sbjg
Mühlenplatz 5
6000 Luzern   (041) 23 68 91

Jugendberatung contact
Grendelstraße 19
6000 Luzern   (041) 22 13 12

Sozial-Medizinischer Dienst
Neuweg 8
6000 Luzern   (041) 23 45 31

Beratungsstelle für
Jugendliche
Vordersteig 5
8200 Schaffhausen   (053) 4 78 78

«Help-Station» Jugendhaus
Katharinengasse 16
9000 St. Gallen   (071) 25 43 10

Psychiatrische Klinik Wil
9500 Wil   (073) 22 11 22

Psychiatrische Klinik
Königsfelden
5200 Windisch/Brugg
                    (056) 41 56 21

Beratungsstelle für
Jugendliche
Tößtalstraße 19
8400 Winterthur   (052) 23 27 05

Drop-in (I)
Herman Greulich-Straße 70
8000 Zürich   (01) 23 30 30

Drop-in (II)
Höschgasse 74
8000 Zürich   (01) 34 00 20

Club Speak-out
Häringstraße 3
8000 Zürich   (01) 34 91 47

Jugendberatung
Sihlamtstraße 15
8000 Zürich   (01) 36 13 53